遺言

絶望の日本を生き抜くために

森永卓郎
岸博幸

宝島社

まえがき

岸博幸さんとは、何度も共演しているが、これまで立ち入った話をしたことはなかった。私が打ち合わせ嫌いで、本番前は黙ってしまうことが多いからだ。私は、そんなに器用ではないので、本番前に話をすると、本番のテンションが下がってしまうのだ。

そのため、対談がどのように発展していくのか分からない部分も多かったのだが、予想どおりだったのが、残りの人生を考えるスパンの違いだ。私と同様に岸さんががん宣告を受けたこと自体は報道で知っていたのだが、余命期間は、相当長いのだろうなと思っていた。私の場合は余命4カ月との宣告を受けたので、いまでも1カ月以内に死んでもいいようなタイムスケジュールを考えて動いている。それに対して、岸さんの余命は、やはりずっと長かった。

同じランナーでも、短距離走のランナーと長距離走のランナーでは、走り方が全然違う。短距離走のランナーは、フルスピードで走ることだけを考え、ゴールまで息をする必要がない。一方、長距離走のランナーは、いかに上手に息継ぎをして、体力を長持ちさせるかが勝負になる。

今回の対談でも、このタイムスパンの捉え方の差は、明確に表れた。私は、後のことを一切考えずに、言いたいことを自由にしゃべったのだが、岸さんのトークは実に見事だった。原発政策をはじめとして、岸さんとは意見が違う点はいくつもあるのだが、岸さんは私の意見を頭ごなしに否定しない。意見が違うときに岸さんが多用した表現は、「森永さんの意見には半分賛成で、半分違います」というものだ。こう表現すれば、対立が深刻化せずに、対話が円滑に進む。

もう1つは、用語の選択だ。私は財務省のことを「カルト教団」と評したが、岸さんは「軍隊」と評した。実は言っていること自体は大きく違わないのだが、言われる財務省の立場にたってみると、「軍隊」までは許せても、「カルト教団」は許せないだろう。こうした岸さんのトークは、コミュニケーションの技術として活用できるので、読者もぜひ参考にしてほしい。

そして、岸さんのこうしたバランス感覚こそが、メディアで長生きしようとするときの最大のコツなのだ。もちろん、私もその仕組みは分かっているのだが、残された人生が数カ月になり、息継ぎをする必要がなくなったので、バランスを取るのをやめたのだ。その結果は、予想どおりというか、予想以上で、私はテレビの報道番組、情報番組からすっかり干されてしまったが、岸さんは活躍を続けている。テレビ局員の立場を考えれば当然だ。いまの森永は危なくて使えないのだ。

ただ、表現の仕方は異なるものの、2人の見方が一致していてうれしかったのは、この30年ほど、日本経済がまったく成長しなくなった原因が分配の不平等にあるという認識だ。岸さんは、その理由について、大企業が大きな利益をあげ、それを内部留保で貯めこむ一方で、国民は賃金が上がらないうえに、負担増を強いられて、国民が幸せになれない経済・社会構造になってしまったことを挙げた。そうした構造になったのは、高度経済成長期に形成された大企業と政府の癒着の構造を変えられなかったことが原因だと岸さんは見ている。

もちろんそうなのだが、私は、日本の経済社会が、グローバル資本主義に巻き込まれ、高度経済成長期にうまく機能していた仕組みが続けられなくなったことが背景として存在しているのだと考えている。その点で、グローバル資本主義に巻き込まれた最大の原因が、この40年間にわたってむしろ強まってきた対米全面服従路線にあるという点についても、岸さんと認識を共有できたと思う。問題は、対米全面服従の源流だ。

今回の対談で、私がある意味でいちばん知りたかったのは、岸さんが1985年8月12日に起きた日本航空123便の墜落の原因を知っているのかどうかということだった。私は、墜落の責任をボーイング社にかぶってもらったことで、日本がアメリカに何も言えなくなってしまったことが服従の源流だと理解しているが、岸さんは墜落原因について「何も知らなかった」と答えた。

直接聞いているので、岸さんはウソをついていないと思う。もしかしたら、官僚の間では墜落原因は周知の事実なのではないかと私は疑っていたのだが、123便事件の処理が、ごく一部の政権中枢だけで行われたことがよく分かった。なお、日本航空123便の事件に関しては、拙著『書いてはいけない』(三五館シンシャ)と『マンガ 誰も書かない「真実」日航123便はなぜ墜落したのか』(宝島社)をお読みいただきたい。

　本書のある意味で最大の見どころは、日本の経済社会が行き詰まるなかで、今後、私たちがどのように生きていったらよいのかというビジョンの部分だ。この点については、2人とも、組織に隷属するのではなく、自分がやりたいことをやって生きていくことが重要だという意見で一致している。しかし、具体的な方法論は、大きく異なる。

　岸さんと話していてすぐに気がつくのは、この人は「都会人」なのだということだ。実際、ファッションもおしゃれだし、都心のマンションに住んで、たまに八ヶ岳の別荘に出かけて自然や地元の人たちとのふれあいを楽しむというライフスタイルは、多くの人にとってあこがれの老後生活だろう。ただ、その暮らしを実現するためには、相当な資金が必要なことも事実だ。

　そもそも、官僚をなめてはいけない。同じ年に生まれた世代のなかで、数万人に1人くらいの才能がないと官僚にはなれないのだ。実際、岸さんの能力はとてつもなく高い。ソフトな語り口でやさしく語ってはいるが、その背後で、脳内のコンピュータが猛烈なスピードで演算を積み重ねている。その能力に基づく稼ぐ力が、岸さんの将来ビジョンを支えているのだと思う。

一方、私の提案する、資本主義と距離を置く「トカイナカ暮らし」は、決しておしゃれではない。畑で泥まみれになり、太陽光パネルで電力をまかなう暮らしは、都会のキラキラした暮らしとはまったく別次元の世界だ。ただ、その暮らしに必要なコストは低く、誰でも実現することができる。

もうすぐ日本の経済社会は、必ず行き詰まる。そのときに自分がどのように生きていくのか。残された人生をどのように過ごすのか。岸的生き方か、森永的生き方か。この対談本で読者に問いたいのは、読者のビジョンと、そこに向けての覚悟なのだ。

2024年8月　森永卓郎

目次

2章 「がん」と向き合う

3章 「失われた30年」と経済産業省

4章 ザイム真理教

5章 防衛政策

6章 小泉構造改革

7章 株式市場はバブルか？

8章 森永流「これからの生き方」

【制作スタッフ】
構成　欠端大林
編集　宮下雅子（宝島社）、大竹崇文
ブックデザイン　井上新八
DTP　山本秀一、山本深雪（G-clef）

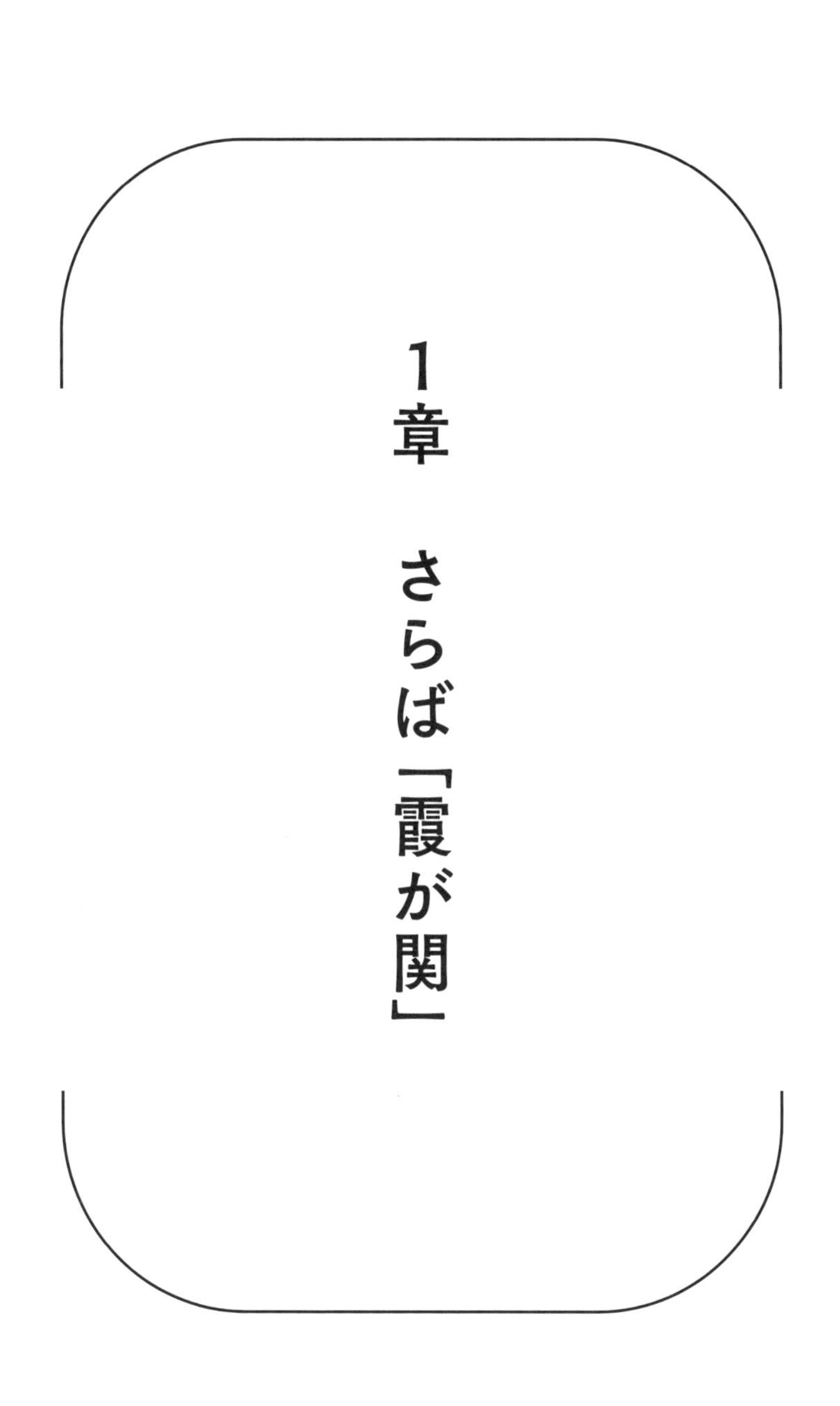

1章　さらば「霞が関」

40代で経産省を辞めた理由

森永　岸さんと初めてお会いしたのは、もう10年以上前になりますね。

岸　はい。僕が経済産業省を退官（2006年）して5、6年経った頃でしたでしょうか。確か雑誌の仕事だったと記憶していますが、森永さんの当時のオフィスでゆっくりお話をさせていただきました。

森永　岸さんは一橋大学を卒業後、1986年に旧通産省（現・経済産業省）に入省されたわけですが、40代で官僚を辞めたのはなぜですか？

岸　僕は小泉政権で経済財政政策担当・郵政民営化担当大臣だった竹中平蔵さんの政務秘書官（就任時の肩書は補佐官）を務めました。いわば「改革をする側」に身を置いて、たとえば産業再生機構を通じたダイエーの再建ですとか、当時の経産省がいやがっていたこともやったわけです。

森永　小泉構造改革は経済強者を潤し、日本を格差社会に変貌させるという意味で大きな収穫となったわけですから、岸さんは秘書官を務めた後、経産省に凱旋(がいせん)できたのではないですか？

岸　小泉政権が終わるとなったとき、経産省に戻るという選択肢も当然あったわけですけれども、さんざん省益に反することをやってきたから左遷されるのではないかという噂もありまして（笑）、それなら自分のやりたい仕事をしようと。簡単に言うとそういった経緯です。

森永　とはいえ、一般の国家公務員と岸さんのようなキャリア官僚というのは、処遇も仕事内容も、天と地ほどの違いがある。これは霞が関の常識ですよね。

岸　そうかもしれません。

森永　元大蔵・財務官僚の髙橋洋一先生（嘉悦大学大学院ビジネス創造研究科教授）に言わせれば、接待は日常茶飯事、カネと女の「毒饅頭(どくまんじゅう)」はバンバン来るし、相手は大蔵省（現・財務省）に絶対服従。天下り先でも個室と専用車と秘書と交際費と海外旅行がついてくる。さらに次々と天下り先を渡り歩いて、そのたびに数千万円の退職金を手にする。年収こそ2000万円前後でも、天下り官僚を1人受け入れると年間1億円程度のコストがかかると言われている。そうなると、老後まで考えれば、10億円から20億円という巨大利権が目の前に転がっている。大蔵省ほどではないにしても、経産省の官僚には、それに近い天下り先が十分用意されているのに、それでも経産省を辞めたわけですか。

岸　役所に残っていれば、いま森永さんがおっしゃられたようなさまざまなメリット、天下りの恩恵を受けられたでしょう。ただ、大臣の秘書官には非常に大きな権限が与えられていたことも事実で、特に小泉政権はその傾向が強かった。ある意味、省庁のトップである事務次官よりも大臣秘書官であった自分のほうが、大きな発言力、決定権を持っていたんです。

森永　それが長く続いたわけですよね。

岸　はい。通常、大臣というのは役所の言いなりに動くケースが日本では多いわけですけれども、小泉内閣における竹中大臣はまったく逆でした。そうした力関係においては、大臣の政務秘書官の権限が強大になるのは当然だったと思います。それが5年半続きまして、頂上の風景も見ることができた。その後、役所に戻って10

年、15年つまらない仕事をするくらいであれば、思い切って民間に出たほうがいいかなと思ったわけです。

森永　宮仕えでやりたくもない仕事をする代わりに大金を手にするより、自分のやりたいことを優先するということですね。そのことはよく分かります。私も、カネのことだけ考えたら、会社に残って利権を追求したほうがずっと良かった可能性は高いです。構造改革に対するスタンスは、真逆な部分もありますが、たった一度の人生のなかでやりたいことをやるのが大切と考える点はまったく一緒ですね。

専売公社から経済企画庁に出向

岸　そのあたり、僕は直感で決めるタイプですね。森永さんは東京大学を卒業後、1980年に日本専売公社（現・JT）に就職されましたが、間もなく退職されています。これはどうしてですか？

森永　在籍という意味では10年近くいたのですが、私の場合はもっと切実な問題があって、「超貧困」になってしまったんです。

岸　天下のＪＴで働いていて、貧困ですか？

森永　専売公社って「公社」という名がついているものの、その実態は旧大蔵省専売局のままだったんですよ。

岸　戦後間もない１９４９年まで、塩やたばこなどの専売業務を行っていたのが大蔵省専売局でした。それが独立して専売公社になったわけですが、実態は変わっていなかったということですね。

森永　そうなんです。たとえば、事業活動に関しても、予算制度の下に置かれていて、大蔵省から予算をもらってこないと鉛筆一本買えない仕組みになっていました。私は専売公社に就職した後、１９８４（昭和59）年から当時の経済企画庁に出向しました。経企庁は総理府の外局、つまり実態は役所だったのですが、特殊法人だった専売公社からそこに出向して行政の仕事をしたわけです。ただ、出向期間中に専売公社が民営化されて、現在のＪＴ（日本たばこ産業株式会社）になりました。

岸　１９８５年のことでしたね。

日本専売公社が民営化した1985年4月1日、都内のホテルに200人が集結し愛煙の権利を主張。漫画家の赤塚不二夫さん（手前右）、写真家の荒木経惟さん（左端）らも参加した。写真：共同通信社

森永　民間企業からの出向者に対しては経済企画庁から、給料のうち手当分が支給されるルールになっていたのですが、突然の民営化によって、その財源となる予算が確保されていなかった。そのため、私はＪＴ側が負担する基本給相当の部分だけしかもらえなくなってしまったんです。もちろん、経済企画庁の秘書課には厳重抗議をしましたが、「お前の後任者からちゃんと予算措置をして支払う。悪いけれど君は我慢しなさい」と言われて、取り合ってくれなかったんです。その結果、基本給しかもらえなくなり、当時の手取りは約13万円しかなかった。長男も

生まれていたんですけどね。

岸　ええ？　そんなことがあるんですか。

森永　本当なんです。当時、私は総合計画局の労働班というところで仕事をしていたんですが、まだ自由な時代で、別部署が運用していた経済モデル（将来予測や経済政策の効果を測定するための経済の模型）をいじらせてもらっていました。ある日、シミュレーションで株価や地価が急騰するという結果が出てきた。私は「日本にバブルが来る」と確信して、経企庁のなかで「バブルが来る、来る」と叫んで回ったんです。ところが誰ひとり「バブル到来説」を信じてくれなかった。それで頭にきたから、家を買ってやろうと思ったんですね。

岸　いま買えば不動産は値上がりすると。それにしてもすごい度胸だ。

「ひじき」だけの夕食に耐える日々

森永　当時、年収300万円はなかったかな。それでも、金利7％の住宅ローンを借りて、所沢に2680万円で中古の一戸建ての家を買ったんですよ。その結果、住宅ローンを払うと月々の手取りが6万円を切るようになってしまった。

岸　マジで？

森永　マジです。妻が十分な量の母乳が出なかったので、粉ミルクは最優先で買わなくちゃいけない。どんどん食事のレベルが下がっていって、どん底のときは晩御飯がハムエッグ、最悪のときは「ひじき」だけって日があったのを覚えています。

岸　ひえ～（笑）。

森永　ただ当時、経企庁には「残業食」っていうものがあって、終電なくなってから役所に残っている場合、店屋物をタダで取ることができたんです。だから私は必ずそこでカツ丼を食べてカロリーを補給していましたが、カミさんはどんどん痩せていくという状況で。

岸　それは、なんとかしないといけないですよね。

森永　極貧もありましたが、JTを辞めたのには仕事上の理由もありました。私は経企庁に出向していましたが、1980年代末期に内閣外政審議室が新設されることになり、所属部署の課長補佐をそちらに取られてしまったんです。そのとき私は出向の外人部隊で、しかも平社員だったにもかかわらず、いちばん年長だったために、本来キャリアの課長補佐がやる仕事がどんどん回ってきたんですね。

岸　面白く、やりがいのある仕事を任されるようになったわけですね。

森永　そうなんです。仕事が面白くなって、このまま役所に残りたいと思った。ただ、国家公務員上級職の試験（現在の国家公務員総合職試験）を受験するには年齢がギリギリオーバーしており、当時の上司が「中級職だったら随意契約で採用することができるよ」という提案をしてくれたんです（編注：当時の国家公務員試験の分類は「I種・II種」でしたが、このときの会話では「上級・中級」という昔の呼び方を続けていました）。

岸　そうだったんですか。その提案には応じたのですか。

森永　いえ、結果的に役所には入りませんでした。役所の中途採用の場合、「それまでのキャリアの年数は2分の1でカウントする」という妙なルールがありまして、採用されても新入社員に毛が生えたような立場からのスタートになるわけです。

岸　それじゃ貧困問題も……。

森永　解決しません。カミさんには「手取り5万になっちゃうけどいい？」って聞いたら「いいよ」と言ってはくれたんですけど、その上司に「採用、お願いします」と言ったら、今度は説教されたんですよ。「お前、そんなんで暮らしていけるわけないだろう」と。

岸　いい上司だ（笑）。

森永　そこで「俺が紹介してやるからシンクタンクに行け。高い給料も出るし、仕事も似てるから」と言われまして。三井情報開発株式会社の総合研究所にとりあえず出向し、1988年にJTを退職して正式に移籍しました。

バブルで年収が急上昇

岸　でも、JTでそのまま頑張れば、その後、給与はすごく上がったはずですよね。

森永　確かにそうかもしれません。ただ結果的に、シンクタンクのほうが給与は良かったですね。なにしろバブルでしたから。当時の私はプロジェクトを20本以上、同時進行で回していて猛烈に忙しかったですが、残業代は青天井。入社して翌々月には給料が１００万円になりました。

岸　手取り５万～６万円だったのが一気に１００万円ですか。

森永　それまでがあまりにも悲惨だったので、少し自慢したくてカミさんに給与明細を見せたんです。「どうだ、こんなに増えたよ」と。そうしたら、金額が１００万円にわずかに満たない99万数千円だったのを見て、「もう少しで大台だったのにね」と、褒めてはもらえませんでした。

岸　森永さんは結果的に給料も増えて、周囲にとっても良かったと思いますけれども、僕は経産省を辞めるとき、周囲にはけっこう反対されましたね。母からも「辞めるのはもったいない」と心配されました。

森永　普通に考えればそうなるでしょう。

岸　それまで好きにやらせていただいて、「このままもっと楽しい仕事をしたいから」なんていう理由で官僚を辞めてしまったわけですから、ある意味、僕も小泉政権の被害者のようなものですよ（笑）。

森永　組織を離れて自由業になると、マーケットの荒波に飲み込まれるわけで、いいときはいいけれど、仕事がなくなると大変ですよね。

岸　僕は官僚時代、政策の仕事に携わって、その後大学で教える立場になりました。そんなとき、ふとしたきっかけでテレビ番組からオファーがあり、そのうちバラエティ番組にも呼ばれるようになりました。堅い仕事をしていた関係で、多くの人から「そういうのは色がつくよ」「やめといたほうがいいよ」と言われましたが、僕はいま、自分の判断でテレビ番組に出て良かったなと思っています。

森永　やりたいことは、やるべきですよね。

岸　森永さんもそうだと思うのですが、学者だけをしているよりは思考も柔軟になったと思いますし、政策を提案するにしても、いろいろな人と意見交換をすることによって勉強になります。組織を離れた以上、自分が何をなすべきか、いつも直感を研ぎ澄ませていないといけないなと、いまでも感じますね。

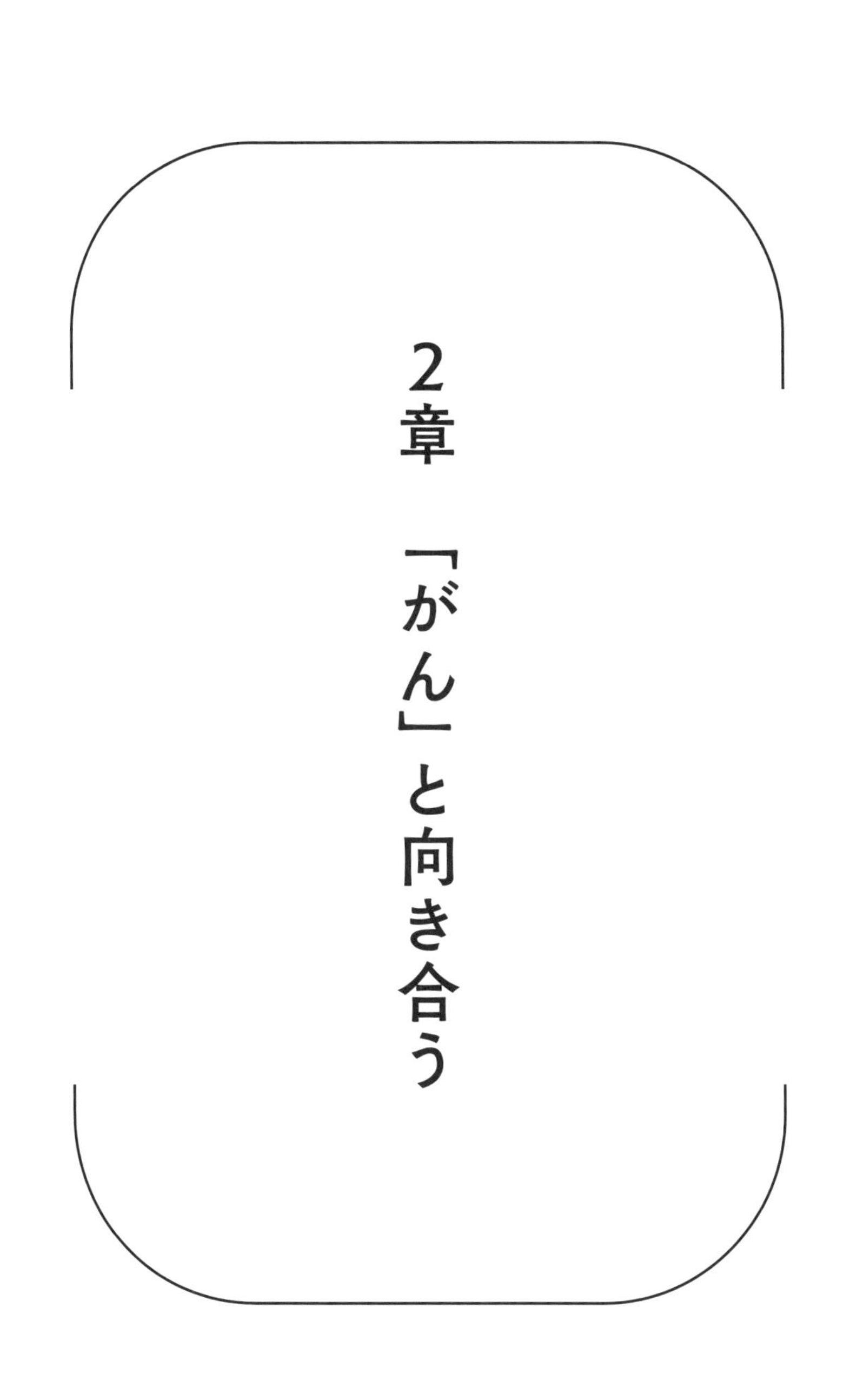

2章　「がん」と向き合う

「余命10年」の人生プラン

森永　最初に、我々の共通項であるがんの話をしたいと思います。岸さんはいま、主治医からどのような診断を受けていますか？

岸　多発性骨髄腫です。これは分かりやすく言うと、血液のがんですね。

森永　病気が分かったのはいつだったのでしょうか？

岸　去年（2023年）の1月です。一昨年の夏頃から「どうも最近、疲れやすくなっているな」という自覚症状がありました。周囲からも「顔色が悪いよ」と言われていたのですが、ちょうどその年の秋に還暦（満60歳）を迎えたこともあり、これも年齢のせいかな、くらいに思っていたんです。

森永　最初は軽視していたんですね。

岸　そうなんです。ただ自分でも気になって、5年ぶりに人間ドックを受診したところ、クリニックの院長が「すぐに血液内科の専門医に診てもらったほうがいい」

と言うわけですね。それで、この分野では著名なドクターの診察を受け、その日のうちに多発性骨髄腫であることが判明しました。

森永　そのとき、余命についての説明はありましたか？

岸　非常に婉曲（えんきょく）な言い方ではありましたが、「治療を受けることによって10年から15年は大丈夫でしょう」と言われましたね。この多発性骨髄腫という病気は完治が難しいとされており、共存しながら生存期間をのばしていく。そういう考え方になります。

森永　そもそも、がんは基本的に完治が難しいですからね。そうすると、岸さんは「残り時間10年くらい」という人生プランで生きる。そういうイメージですか。

岸　まさにそうですね。

「来年の桜を見るのは無理でしょう」

森永　いまはどんな治療を受けておられますか？

岸　昨年、自家造血幹細胞の移植を行いまして、現在は定期的な検査・注射と毎日の薬で治療が続いています。

森永　造血幹細胞移植は健康保険適用になるんですか？

岸　適用になりますが、全部はカバーされていなかったように思います。

森永　保険適用で高額療養費制度を活用した後で、ざっくり言うと毎月の医療費はどれくらいになりますか？

岸　いま現在ですと、すべて適用した後で毎月20万円弱の支払いがあります。

森永　なるほど……そうすると、全然払えないという金額でもないですね。

岸　自分の生活ではなんとかなっていますが、収入が低い方の場合、大変な出費だろうとは思いますよね。

森永　私の話をしますと、がんとしてはものすごくレアなケースなんです。去年の11月に体重が落ちてきたことに主治医が気づき、そのアドバイスで人間ドックを受けたところ、ＣＴの画像で肝動脈（肝臓に血液を送る血管）のまわりにモヤモヤとした影が写ったんですね。それを見て、検診をしてくれた病院の医師が「これはが

書斎にて（森永卓郎）

んからの侵襲で、すでに転移しているのだから、ステージ4だ」と言うわけです。同時に、「このままだと来年の桜は見られないでしょう」とも言われました。

岸　いきなり、そんなことを言われたんですか。

森永　その後、どこにがんがあるのかを調べるPET検査を受けたところ、反応があったのは胃とすい臓だけだった。そこから徹底的に胃を調べましたが、どんなに検査しても何も出なかった。一方、すい臓を見てもどこにも病変がない。まったくきれいなままで腫瘍マーカーも正常値を示している。結局、胃がんでないことだけは10

0％確実だから、消去法ですい臓がんだろうという診断になりました。

岸　すい臓がんですか。

森永　すい臓がん、ステージ4、余命4カ月。だから、今年の桜は見られないだろうという結論は変わりませんでした。

岸　しかし、なんとか見ることができましたね。同じがんを患う者として、森永さんの生命力と執念には感服します。

森永　私は疑り深い性格で、最初の診断に納得しなかったものですから、がんの画像診断の名医中の名医と呼ばれている順天堂大学の先生に診てもらいました。結果はやはり同じで、すい臓がん、ステージ4でした。それでも私はまだ信用できなかった。

岸　すごいな、それは。

森永　その後、国立がん研究センターで、これも画像診断の名医と言われる医師にデータを診てもらったところ、そこでも同じ結論が出た。さすがに専門家3人が同じ診断を下したことで、医学知識のない私は抵抗することができなくなりました。

岸　やっと受け入れる気持ちになったわけですね。

史上最悪のお正月

森永　昨年12月27日、ラジオ（ニッポン放送『あなたとハッピー！』）の生放送が終わった後、そのまま電車に乗って地元の病院に行き、すい臓がん向けの抗がん剤を打ったところ、その翌日から異変が始まったんです。2日後にはほぼ死にかけた。

岸　どうなったんですか？

森永　まず、立ってられない。何も食べられないし、水さえ飲めない。思考能力はほぼゼロ。生まれて初めて「このままでは確実に死ぬな」と思いました。いまから思うと、抗がん剤が私の体に合わなかったんですね。

岸　自分の経験からも、これは相性がありますからね。

森永　そこで、家族とマネージャーが相談して、正月早々にあるクリニックが開発した気付け薬のような点滴を受けた。すると劇的に効果が表れまして、夕方にまったく歩けなかったのが、翌朝には歩けるし、食事もできる、思考力も元どおりと、一発で回復しました。

岸　へえ、そんなことがあるんですか。

森永　ただ、免疫力が普通の人の5分の1程度にまで落ちていて、「この状態でコロナにかかったら一発で死ぬぞ」と言われまして。そのまま2週間ほど入院していました。入院するときは歩けず車イス。退院するときは筋肉が落ちていてやっぱり車イス。悲惨な正月でしたねえ。

岸　その後、どのような治療をされたのですか？

森永　入院中に別のクリニックで遺伝子パネル検査を受けました。これは、血液をアメリカに送り、80種類の遺伝子について変異の有無を調べるというものです。どこにがんがあるのかを調べる検査ですね。ところが検査の結果、すい臓がんであれば95％の確率で見つかるという「ＫＲＡＳ」と呼ばれる遺伝子変異がまったく出なかった。

岸　つまり、すい臓がんではなかったわけですか。

森永　そう、分からなくなっちゃったんです。がんの種類が分からないから、手術も放射線治療も抗がん剤投与もできない。それで、現状の診断は「原発不明がん」となりました。しかも終末期です。また、介護保険上のレベルは「要介護3」（生活全般で介護が必要になる状態）に該当しています。

毎月の治療費は100万円超

岸　費用面でも負担は大きいですか？
森永　オプジーボという免疫治療の点滴薬、これは原発不明がんの場合、保険適用になります。ですから、毎月の実質負担が20万円ちょっとぐらい。だから、岸さんと同じくらいですね。
岸　やはりかかってきますね。
森永　ただ、それだけじゃないんです。血液免疫療法をやっていて、2週間にいっぺん血液を抜いて、免疫細胞を増殖させて戻す。これがひと月100万円ぐらいか

1996年、南米大陸最高峰アコンカグアを登った時の筆者。小泉政権時に椎間板ヘルニアに罹り、以後クライミングを止めてしまった（岸博幸）

かるんです。保険が適用されないものですから。

岸　それはマジで大変だ。

森永　だから現状、毎月１００万円以上が消えていく。普通のサラリーマンだったら一発アウトの状態です。もう死ぬだろうと思って、最後まで残していた外貨建ての投資信託をすべて売り払い、いまの治療を４、５年は続けられる資金は確保しました。もっとも、いまのようにきちんと話ができる状態、これはあと数カ月というのが私の考えるタイムスパンです。

岸　病気になってから分かったことに、基礎体力の重要性があります。僕はロッククライミングをやっていて、若い頃から体は鍛えていたのですが、その「貯金」のありがたみをいまになって実感しています。

森永　岸さんはまだ体が動かせそうですが、いまも何か運動をされていますか？

岸　はい。運動というほどのものではないですが、皇居に近いところに住んでいるものですから、毎週1、2回は皇居（外周）を1周走る。だいたい30〜40分ぐらいですかね。日常生活でも、移動の際、意識して歩くようにはしています。

喫煙は「心の栄養剤」

森永　運動となると、もはやお手上げです（笑）。岸さんも喫煙者だとお聞きしているので言えるのですが、私はいまでも喫煙をやめていないんですよ。原稿を書く仕事を続けている限り、どうしても必要になります。専売公社にいた頃は1日2箱は当たり前でしたが、いまは1日5本くらいです。まあ、心の栄養剤ですね。周囲にも、無理にやめる必要はないと言われています。

岸　僕は1日8本と決めています。家族には止められていますけど（笑）。なぜ病気をしているのに喫煙をやめないのか、と周囲から言われますが、森永さんが「心の栄養剤」とおっしゃるように、僕も肉体の健康と精神の健康を分けて考えています。つまり、たばこは「精神の健康」のために必要だということですね。僕の場合、喫煙している時間は自分の思考をめぐらせるスイッチが入るんです。煮詰まっていたものが解消されたり、いろいろとプラスの効果がある。吸いすぎない、分煙は守るという前提で、無理にやめてストレスを溜(た)めるよりもいいかなと思っています。

森永　同じ考えです。

岸　食事はどうですか。やはり体重が落ちてくると体力面にも影響してくるように思うのですが。

森永　食事量はものすごく落ちました。食べられないですね。それと同時に筋肉の量も落ちています。しかし、これはそう簡単に戻せないので、私は大きな決断をしたんです。

岸　その大きな決断とは？

森永　はい。「どうせ先行きは短いんだから、本当のことを言って死のう！」という決断です。

岸　前向きですねえ。本当のこと、ぜひ言いましょう。

ベストセラー『書いてはいけない』の余波

森永　今年3月に『書いてはいけない』（三五館シンシャ）という本を上梓しまして、現時点（2024年7月）での発行部数は25万部です。私はここで「財務省はカルト教団である」ということと、ジャニーズ事務所の性加害問題、そして日本航空123便墜落事件の真相、この3点について書きました。

岸　メディアのタブーとされてきた内容が含まれていますね。

森永　私も30年近くメディアの世界で仕事をしておりますので、この本を出したらどうなるかということについては、ある程度、予想はしていました。

岸　実際に出してみて、いかがでしたか？

森永　実にきれいに、予想が当たりました。テレビの報道・情報番組のレギュラーはすべて干され、唯一『がっちりマンデー!!』（TBS系）だけが残っています。岸さんはまだ少なくとも10年は時間があって、実にバランスよく発言をされる方ですが、私のように先が見えているからといってガンガン言っちゃうと、こうなるんですよ。

岸　森永さんと比べると、余命10年もある私の状況はすごく恵まれています。それでもやはり「あと10年」と聞かされたときにはショックでしたし、生き方の見直しを余儀なくされました。惰性の仕事はなるべく排除して、自分のやりたいことをやると同時に、世の中にとって意味のあることを優先すべきだなと意識するようになりました。

森永　価値観も変わりましたか？

岸　変わったと思います。自由業とはいえ、これまでは仕事先への配慮を重んじてきましたから、自分のやりがいを最優先にさせてきたわけではありませんでした。ただ、残り10年となりますと、自分が死ぬ前に「これで良かった、楽しかった」と納得できる仕事をしたい。それがはっきりしてきましたね。

森永　私も同じです。

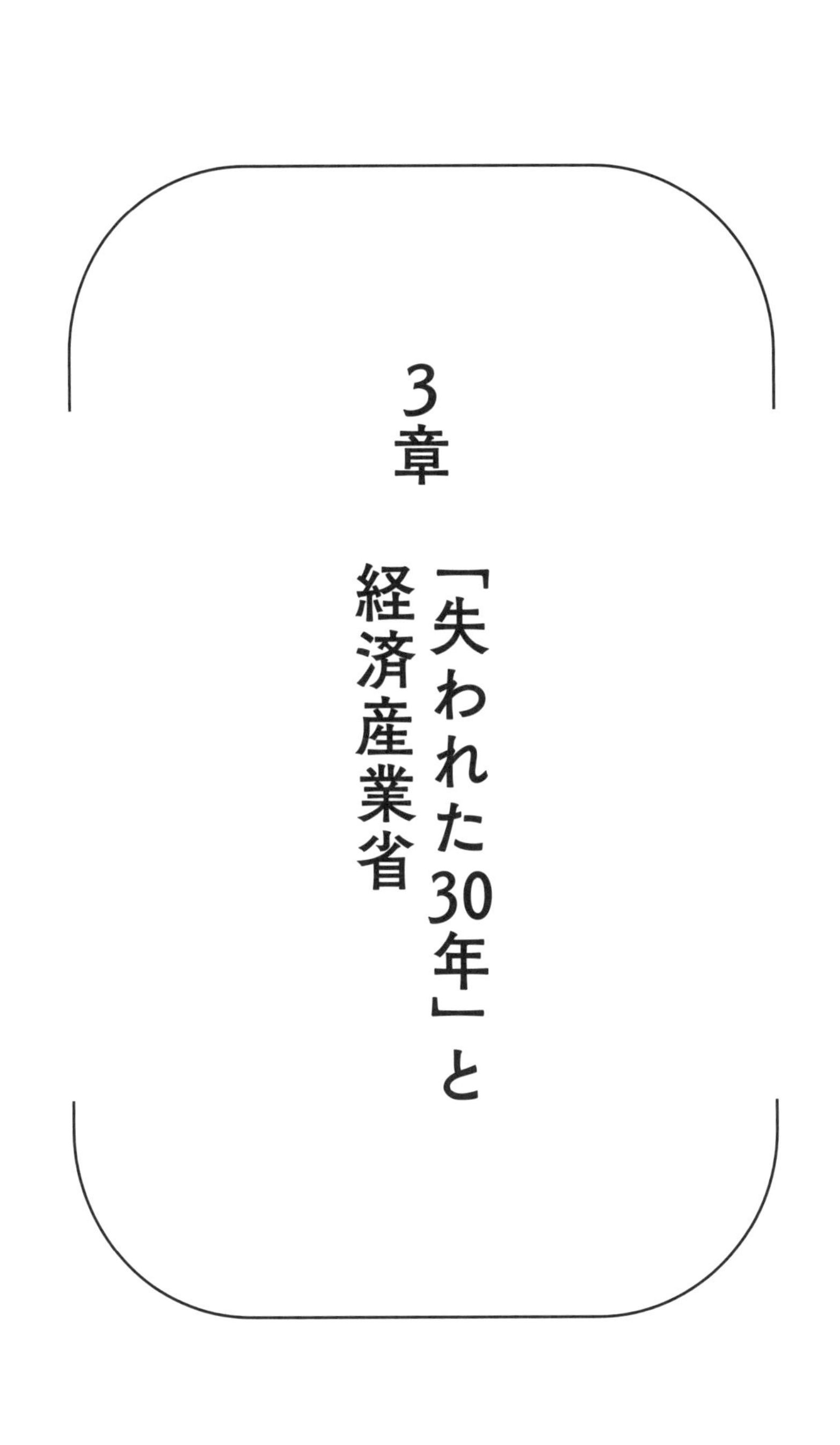

3章 「失われた30年」と経済産業省

企業が栄えて個人が滅ぶ

岸　日本社会は、残念ながら個人の幸せを追求しにくいですね。企業が栄え、個人がやせ細る――そういう国だなということは、いまになって改めて強く感じています。森永さんに言うと「釈迦に説法」になりますけれども、日本は異常です。GDPが約600兆円の国で企業の内部留保が550兆円。金融機関を除く民間企業の現預金が、日銀の資金循環統計によれば330兆円ある。その一方で、働く人の平均年収は約460万円でアメリカの半分。企業部門はすごく裕福なのに、家計部門はすごく貧しい。これで賃上げは「すごい」と言われたって、せいぜい5%程度。だから、実質賃金も増えていないんです。

森永　企業の利益が個人に還元されていないんですね。実際、今年（2024年）5月23日付の朝日新聞が興味深い記事を掲載しています。「GDPデフレーター」という、GDP全体の物価を示す指標があります。国内で作られた付加価値（賃金

＋利益）の物価なので、輸入原材料の値上がりの影響を受けない純粋に国内要因だけの物価です。このGDPデフレーターは、昨年度4・1％上昇した。ところが、そのうち賃金に回ったのは0・3％に過ぎなかった。賃金への寄与率は上昇分全体の7％に過ぎなかったのです。逆に言えば、残りの93％は、広い意味での企業利益の拡大に回されたことになる。これで国民が豊かになるはずがない。

岸　そうです。これでは国民がハッピーになるはずないですよね。ですから、森永さんほどズバズバ斬り込めていないかもしれませんが、僕も残り10年で少しでも世の中、特に働く人や家計を良くしたいという気持ちは持っています。

森永　これだけ儲かっている企業の利益はなぜ個人に還元されないのか。どう分析されていますか？

岸　まず、経営者の問題があると思います。いまの民間企業の経営陣は、デフレだった30年間、ずっとサラリーマンをやっていた人が多い。リストラとか、コストカットとか、後ろ向きの仕事が多くて、そういう人たちのメンタリティでは、インフレになったからといって、大胆に賃上げするというマインドがまだないんです。

森永　なるほど。

岸　2024年の春闘で5%以上の賃上げ率が実現して、メディアは「すごい」と騒ぎ立てましたが、所詮はデフレ時代との比較ですから大して高いわけではない。企業の内部留保に課税して、利益を強制的に還元させるという案もありますが、これは税の論理から言うと、一度利益に課税しているので二重課税になる問題がある。ただ僕は、この問題をクリアするためには、それくらい異例の、変態的な課税もありなのではないかと思っているんですよ。

森永　ズバリと言ってくれました。エンジンがかかってきたんじゃないですか。

岸　いやあ、まだまだです（笑）。

「森永が死ぬまで待とう」

森永　先日、ラジオの番組で前明石市長の泉房穂さんとお会いしましたが、彼も岸さんと同じく「斬り込まないと」とおっしゃっていました。もっとも、歯に衣着せぬ物言いで人気の泉さんでも、やはり言えないことというのはあるんだと。そこは守らないと発信ができなくなり、結果として、影響力を行使できなくなってしまいますからね。「こう見えてもいろいろ考えて、ギリギリのところで発言してるんですよ」って言ってました（笑）。

岸　森永さんは「寸止め」なしですか。

森永　最近、僕は自分がものすごく強いカードを握っていることに気づいたんです。それは何かというと「あと数カ月しか生きられない」という、死期が迫っている患者だけが持つ最強のカードです。

岸　また物騒なカードですね（笑）。

森永　先ほどの『書いてはいけない』を出版したとき、僕は国税が税務調査にやって来るか、それともスラップ訴訟（裁判費用や時間などの消耗を相手に強いることが目的の、脅し・嫌がらせ的な訴訟）を仕掛けられるか、冤罪（えんざい）で逮捕されるか、あるいは本当に暗殺されるか――このうちどれかが起きる可能性が高いのではないかと身構えていたんです。ところがよく考えてみると、殺す側からすれば「死にかけている奴を殺る」っていうのはリスクばかり大きい話で、メリットがほとんどない。放っておけば、もうすぐ死んでしまうわけですから。

岸　確かにそうだ。

森永　だから政府をはじめ、僕から批判されている勢力は「死ぬまで待とう」というのが基本戦略になる。そうなると、一時的にではありますが「何を言っても大丈夫」という治外法権状態が発生するわけですね。だから、岸さんが言いたくて言えないことも、僕が代弁すれば大丈夫ですから。

岸　そうなんですか（笑）。

日本経済をミスリードした真の「三大悪人」

森永　話が横道にそれましたが、先ほどの企業が栄え、国民がやせ細る現象、これは日本でこの30年間続いているように思うのですが、その流れを作ったいちばんの責任者が、岸さんのかつての親分だった竹中平蔵さんじゃありませんか？

岸　結論からお答えいたしますと「竹中平蔵さんだけじゃない」というのが僕の考えです。確かに竹中さんは構造改革をやりました。いわゆる新自由主義的な政策を推し進めたのも事実です。ただ、日本がいまのようなゆがんだ形になってしまったベースは、政府が経済の生産性と潜在成長率を高めるという長期的な政策よりも、経済対策や補正予算を濫発して需要追加するという短期的な政策ばかりを繰り返した影響が大きいと思います。

森永　なるほど。私は2003年に『年収300万円時代を生き抜く経済学』（光文社）という本を書いて、「小泉構造改革が日本の経済社会を破壊する」と徹底抗戦していました。ダイエーの産業再生機構送りに関しても、本来つぶす必要のなかったダイエーを生体解剖して、ハゲタカ外資や竹中平蔵のお友達企業に二束三文で叩き売るための謀略だと批判しました。

岸　よく覚えています。

森永　当時、私と同様に小泉構造改革に批判的だった小説家の高杉良氏は、竹中平蔵、木村剛、岸博幸のトリオを、日本経済を誤った方向に導いた「三大悪人」だと批判していました。私はちょっと見方が違っていて、岸さんは、人事異動で竹中大臣の秘書官を務めたわけで、自ら志願したわけではないですよね。だから三大悪人は、小泉純一郎、竹中平蔵、木村剛というのが正しい評価だと思っています。

岸　三大悪人から外していただき、ありがとうございます（笑）。僕が竹中大臣の秘書官に起用されたのは、おっしゃるとおりで人事ですから、自ら志願したわけではありません。小泉さんが総理になる少し前の時期、中国でのシンポジウムでお会いしたのがきっかけで、それから、ときどき政策面での意見を求められるようになったんですね。

その後、小泉政権が発足する段になって「改革をしたいので、手伝ってほしい」と要請があり、直感でそれを受けた。これが秘書官になったいきさつです。竹中さんとは同じ大学（一橋大学）の出身ですが、これはまったくの偶然で、秘書官に起用されたこととは一切関係がありません。

不良債権処理と「木村剛」の評価

森永 「竹中さんだけに責任があるわけじゃない」という点について、もう少しお聞かせください。

岸 たとえば、よくやり玉にあげられていた、非正規雇用がベースとなる派遣社員の制度やタクシーの規制緩和に関する法案など、これらはみな小泉政権が誕生する前に作られています。小泉政権が主導して法案を作り、その結果、非正規雇用が増加したりタクシー業界が大変になったという認識には、事実の誤認があるのかなと思います。

森永 なるほど。

岸 小泉政権が郵政民営化に取り組んだイメージもあって、規制緩和、競争原理の導入がすべて小泉さんの時代に始まったと思われていることが多い。郵政民営化を除くと、いわゆる「格差社会」につながるような小泉政権独自の政策はなかったんです。ですから私は、竹中さんに責任が一切ないとまでは言いませんが、A級戦犯のように評価するのはちょっと違うと思っています。

森永　いわゆる「竹中チーム」の一員だった木村剛さんについては？

岸　木村さんについては批判される方々が多いのですが、僕はむしろ、高く評価しているんです。ただ、これは実際に一緒に働いた経験がある人にしか分からないかもしれません。僕は竹中さんの下で、りそな銀行に2兆円の公的資金を注入する再生計画に携わりましたが、そのときもっとも役に立ったのが、実は木村さんの知見、アイディアでした。ただし、彼はその後設立した日本振興銀行の検査忌避問題で2010年、警視庁に逮捕され有罪判決を受けています。

僕が評価しているのはあくまで不良債権問題における貢献度の部分です。あのとき、著名な経済学者、財界人は金融庁タスクフォースのメンバーを選定する段階でみんな逃げました。それに対して、木村さんは、金融再生プログラム（竹中プラン）策定の中核的な役割を果たしてくれました。

森永　小泉政権の功罪については、後でもう少し詳しくお聞きしたいと思います。

「失われた30年」の起点が、小泉政権以前にあったというのはそのとおりで、1990年代にはすでに政策の方向性に問題があったと考えるべきですね。

大蔵省の植民地だった経済企画庁

岸 経産省は企業の力を強めることばかりやる。財務省は庭先の財政のことばかりやる。では、国民生活を豊かにするのはどこだ、となったとき、それは旧経済企画庁、いまの内閣府ですよね。あと、労働に関しては厚生労働省になるわけですが、実際問題として当時の経企庁にそれだけの政策立案能力はなかったです。

森永 髙橋洋一先生は、経済企画庁のことを「大蔵省の植民地」と言ってますね。その指摘は正しいんです。経済企画庁で決定権限のある主要ポストは、すべて大蔵省からの出向者に独占されていました。お公家さんみたいなもので、理屈は言うんだけれど、力はないんですね。

岸 もっと正確に言えば「大蔵省と通産省」、いまで言えば「財務省と経産省」

の植民地ですね。

森永　そのとおりです。一度、夜中の国会答弁の各省折衝の際に「ちょっと経企庁プロパーの人に電話をかわってくれないか」と交渉相手から言われたことがあって、大声をあげて探したんですが、夜中まで残っていたプロパーは1人もいなかった。結局、重要な交渉を担っているのも、みな現業官庁からの出向者だったんです。

岸　経企庁は経済分析に喜びを見出して（みいだ）しまって、それでは国民の生活を豊かにするというミッションには応えられないですよね。厚労省も国民を豊かにするどころか足を引っ張ることばかり。結果的に、経産省の「企業優先」路線が先行し続けたわけです。経済や人口が右肩上がりだったバブル時代までは、多少バカな政策をやっても国民の生活は豊かになっていったのですが、特に人口減少局面に入ったこの10年は、政策のゆがみの悪弊が一気に表面化しています。僕は、竹中さん個人による改革のインパクトよりも、それまでの大きな積み重ねのほうに問題があったと見ています。

霞が関の「接待」全盛時代

森永　私は1984年から1986年まで経企庁に出向していたわけですが、その後、シンクタンクに移りまして、ずっと産業政策局産業構造課をはじめとする通産省の仕事の下請け作業をやっていました。早い話が、資料を作成して届ける〝小僧〟みたいな仕事です。その頃を思い出して、昔といまで大きく変わったなと思うことがあります。

岸　どんなところに変化をお感じになりましたか？

森永　少なくともバブル期あたりまで、通産省ってとてつもなく大きな権力を持っていた。たとえば、自動車産業を所管する官僚が自動車メーカーに電話しますね。それも夜中の1時とか2時に。そこでいろいろ愚痴るわけです。「ああ〜まだ残業かよ。俺もう疲れちゃったよ、こんな時間まで！」と。

岸　それはあり得ますね（笑）。

森永　そうすると1時間以内に、役所に超高級店の寿司桶（おけ）が届いて、ついでにタクシー券が束で入ってると。そういう時代だったんです。

岸　バブル時代には霞が関にもいろんな伝説が残ってますよ。旧大蔵省を震撼（しんかん）させた「ノーパンしゃぶしゃぶ事件」は少し後の1990年代でしたね。

森永　店には行きましたか？

岸　いやあ、噂に聞くだけで（笑）。本当はもっと問題になるべき巨額接待があるのに、あれだけインパクトが強烈でしたよね。ただ個人的には、行きたかったという気持ちもあまりなくて、「食べるのと見るのを一緒にして楽しいのかな？」と思いましたよ。どっちかに集中しろよと（笑）。それはともかく、あの頃は経産省にも1年先まで毎週末は接待ゴルフの予定が入っている上司もいて、いまではとても考えられない時代でしたね。

森永　植民地と言われた経企庁でも、私のいた部署で、年度末に出張旅費が余ったことがあったんです。それを使い切らないと翌年減らされるので、キャリアの課長補佐が「じゃあ、鳥取県の大山に観光行くか」と言い出した。ただ、いくら経企庁といえども年度末はスケジュールがいっぱいになっていて、平日は出張には行けない。それに、出張には一応「用務」が必要なんですよね。そうしたら補佐が通産省の友人に電話して、日曜日なのに鳥取三洋電機（現・LIMNO）の工場の全社員を出勤させたんですよ。そこを我々が「工場の視察」をするという仕掛けです。

岸　工場の社員は間接的に観光に付き合わされたんですね。それもありそうだなあ……。

森永　工場見学をアリバイ的にやって、あとは観光と、夜は接待で飲み会をやってどんちゃん騒ぎ。でも、当時はそういったことが普通に行われていたんです。でもね、あまりにも業界と付き合いが深かったので、というか癒着していたから、官僚が現場のことを知り尽くしていたんですよ。

岸　どんちゃん騒ぎも悪いことばかりではなかったということですね。僕も役所にいたとき、夜の予定がなくなった上司が意味もなく会社（職場）に残っているのを見て、接待がなくなったことを実感したことがありました。こっちはそうした上司たちのシャドーボクシングの相手をしなくちゃいけなくなって、むしろ大変でしたよ（笑）。

行革の後に残された弊害

森永　２０００年代から行革が始まって、さすがにそれが真逆に振れてしまった。一度、役所主催の研究会の委員に東京電力の社員を入れようという話になったことがあったんです。ところが、「それは認められない」と。なぜですかと聞くと「政策決定に影響を及ぼす可能性のある研究会に利害関係者は入れられない」と言う。「利害関係なんてないじゃないですか」と言ったら、「その役所は東京電力から電力を買っている」と。業界と、そういうバカげた距離を取るようになってから、官僚は現場の実態を無視して、上から目線で、頭のなかだけで考えた政策を押しつけるようになった。そこから日本の通商産業政策がガタガタになってしまった。私はそう考えているのですが、内部から組織を見ていた岸さんはどうお考えですか？

岸　かつては、役所と業界の現場が互いの事情や本音を理解し尽くしていたという部分は間違いなくありました。2000年代以降にあらゆる接待がなくなってからというもの、良し悪しは別として、情報が入りにくくなったのは実感として確かにあります。あと、小泉政権では経済財政諮問会議が設置されたことにより、財務省と経産省から官邸に政策の主導権が移行してしまったんですね。

森永　小泉構造改革で政策決定を官僚から政治家に取り戻そうということで、始まったんですよね。

岸　そうでしたね。経済財政諮問会議ができたとき、やはり財務省ってすごいなと思ったのは、諮問会議をなんとか自分たちの庭に取り込もうと、彼らは組織で動くんですよ。一方、経産省は「こんなの作るんだったらもういいや」と思ったのかソッポを向いちゃって、非協力を貫くだけ。あのときは組織風土の違いがはっきり出ていました。

森永　その結果が財務省支配の強化につながりましたよね。いまでも「骨太の方針」は経済財政諮問会議を所管する内閣府が作る建前になっていて、実際、形式上はそうなっているんですが、現実には財務官僚が基本的な枠組みを作っています。つまり、日本国の基本政策が財務省の政策になってしまっている。安倍政権の時代には、官邸を経産官僚が支配したことで、一時的に経産省の権力が復活しましたが、岸田政権になってから、再び財務省の「一省支配」に戻ってしまっています。

「TSMC」は成功するか

岸　経産省が力を弱めた理由をもう1つ言えば、日本企業の力ですね。バブル崩壊後、デフレになって大企業の力がどんどん落ちて、経産省はその衰退モードに入った大企業ばかりと付き合っていたため、新しい時代をとらえていく感度が落ちてしまったのかなと思います。

森永　新しい産業を創造するという意味では、経産省の主導プロジェクトだった液晶大手のジャパンディスプレイ（ＪＤＩ）、あるいは半導体のエルピーダメモリ（現・マイクロンメモリジャパン）といった会社に巨額の税金をつぎ込んで失敗した前例があります。ＪＤＩは10年連続の赤字を出していて、日本最大のゾンビ企業とまで言われています。今年6月22日に開かれた定時株主総会で、ＪＤＩのスコット・キャロン会長は冒頭、業績不振による株価の低迷について「心よりおわび申し上げます」と陳謝しています。エルピーダは事業継続が不可能になり、米国企業のマイクロンに買収されてしまいました。それらへの反省もなしにいま進められている、ＴＳＭＣ（台湾積体電路製造）の誘致とか、ラピダスへの支援とか、「99・9％失敗するぞ」と私は見ていますが、どうでしょうか。

岸　僕は経産省を擁護するつもりはないですけれども、客観的に見て、ＴＳＭＣやラピダスは、これまでの国策プロジェクトに比べれば成功の可能性は大きいと思っているんです。といいますのも、これまで国策でやった経産省のプロジェクトは確かに失敗しています。ＪＤＩはその典型例ですね。なぜ失敗したかと言えば、経産省が新たに企業を作ったはいいが、その中身は既存の電機メーカーのリストラしたい部分をかき集めて作ったような会社で、これでは成功するはずがありません。

森永　台湾のＴＳＭＣとは違いますか？

岸　そう思います。少なくとも、ＴＳＭＣは日本のメーカーと違って確立された技術、実績がありますし、北海道のラピダス、これは次世代半導体の国産化を目指す会社ですが、もともと「日本で最先端の半導体をやろうよ」と言い出したのは、アメリカ政府なんです。それを受けた形で経産省が動いているんですね。IBMや欧州の先端企業・研究所も技術協力を表明しています。日本の国内メーカーだけでやろうとしているのであれば失敗すると思いますが、これまでとは違った座組みになっているので、成功の可能性があると僕は見ています。

日本にリスクを押しつけるアメリカ

森永　TSMCの工場について言うと、作ろうとしている半導体は回路幅が12〜14ナノメートルということで、これは誰でも作ることのできる汎用品(はんよう)です。2027年末までに稼働開始する予定のTSMC熊本第2工場でも、6ナノとされています。つまり、世界中で生産することができるから、ちょっと需給バランスが崩れると大暴落します。それが半導体市場の特性で、これまで繰り返されてきた事態です。私は半導体自体がいまバブルだと思っているので、もしそれが弾（はじ）けたときに、つまり半導体の需要が落ちたときに作るものがなくなってしまうんじゃないかと心配しているんですよ。

岸　なるほど。

森永　あと、先ほどアメリカ政府の話がありましたけれども、アメリカがずるいなと思うのは、ＴＳＭＣを熊本に誘致させ汎用品を作らせる一方で、自分のところに誘致した工場では回路幅が３ナノの最先端半導体を作らせようとしている。競争に巻き込まれにくい、国際競争力のあるものはアメリカで、リスクが大きいのは日本で作らせる。熊本の安い労働力と水資源を使って環境を破壊し、もし破綻したら日本の責任。そうじゃないですか。

岸　悪く言えば、そう捉えられますよね。

森永　良く言うことなんて、できるんですか？

岸　良く言えばですね、同盟国の間で生産を分担すると。立場が強いアメリカがおいしいところを取るというのはこれ、当然なんですよね。確かに暴落のリスクはあると僕も思います。ただこれからの時代、自動車にしても社会ネットワークにしても半導体需要は続きますから、かつてのように深い沼に落ち込んで、そのまま抜け出すことができないようなことにはならないのかなと、個人的には思っています。

森永　一方のラピダスは、２０２７年に世界最先端の回路幅2ナノの半導体の量産を目指すとしています。しかし、１９８０年代後半に世界シェア50％以上だった日本の半導体産業は、いまではシェア10％程度です。その理由は技術面での出遅れです。現状、日本メーカーが製造できるロジック半導体は回路幅40ナノメートルが限界です。３ナノが主戦場である世界トップメーカーからは、技術的に10年は遅れている。そうしたなかで、たった3年で世界最先端まで技術的なジャンプアップをすることは、周回遅れのランナーが、最後の一周でごぼう抜きしてトップに躍り出るというような話で、誰がどう考えても不可能でしょう。

岸　技術面に関しては、先ほどもお話ししたＩＢＭやオランダの最先端の半導体メーカーも協力に入っていて、技術的な周回遅れをある程度カバーすることはできるのかなと思います。むしろ、僕が心配しているのは人手の問題です。

森永　なるほど。

岸　かつて日本の半導体が世界最先端だったのは1980年代です。つまり、いまは先端の半導体製造の経験がある日本人の人材って、高齢化しているし人数も少ないんですよ。工場を造って、そこをしっかり管理してオペレーションできる人材を集められるかどうか。これはかなり困難な課題のようにも思えますね。

「原発」推進に舵を切った岸田政権

森永　もう1つ、私が長い間、経産省と戦ってきたエネルギー政策についてお聞きします。安倍政権までは、原発への依存度をできる限り低減させるという方針を出していたにもかかわらず、岸田政権は原発の新設、増設を認め、重要電源に位置づけるという政策に舵（かじ）を切りました。私は経産省の原発推進派が、自らの利権のために政府の基本方針をひっくり返したと思っていますが、どう思われますか？

岸　僕はシンプルな構図なのかなと思っています。安倍政権でも原発は容認だったと思いますが、当時の政権がもっともやりたかったことは憲法改正だった。当時、官邸には安倍さんの政務秘書官を含め経産省の人間が2、3人いましたけれども、彼らにとってみれば、経産省の利益よりも、安倍さんがやりたいことを実現するのが最優先だった。

森永　彼らを無理やり官邸に招き入れたのは安倍さんでしたからね。

岸　やっぱり、原発は世論の反発が大きいですよね。だからそれをあまり強く打ち出して、いちばんやりたい憲法改正に影響があってはならないと。そういう考えだったと思います。

森永　だから原発推進を打ち出せなかっただけですか。

岸　そうですね。岸田総理の政務秘書官も経産省出身者ですが、この人はエネルギー政策も担当していましたし、東電にも出向経験があり、次官を経験した後に秘書官に就任しています。政権はCO_2削減も打ち出していますし、官邸にいる経産省のメンバーが変わったのが大きかったのかなと。

森永　小泉純一郎元総理は、原発には致命的な欠陥があって、放射性廃棄物の最終処分の問題がどうにも解決できないことを総理退任後に理解した。現在の政策は「地層処分」といって、まず、放射性廃棄物とガラスを混ぜて円筒形のガラス固化体を作る。ガラス固化体は、直径約40センチ、高さ約1・3メートルの筒型です。製造直後は、1時間あたり1500シーベルトと、近づけば即死レベルの放射線量です。それを50年ほど地上で保管し、放射線量が10分の1になったところで、金属製の容器で密封し、3ミリシーベルトに下げる。そして、地下300メートル以上の地層に埋めるのです。ある程度の安全が確保できるのは、それから1000年経って、放射線量が0・15ミリシーベルト程度まで低下してからになります。それまでの間に、地震や噴火などで放射線が噴き出せば、被害は最終処分場の立地自治体にとどまらない。だから、最終処分場の立地は、地盤が安定していることが絶対条件になるのですが、昨年10月に地球科学の専門家300人が「日本に適地は存在しない」とする声明を公表しています。つまり、地層処分は、そもそも不可能なのです。そのあたりはいかがですか？

岸　まさにその問題、僕も小泉さんには会うたびに説教されるんです。内容は、小泉さんが外に向かって言っていることと基本的には同じで、最終処分場の問題を重視していることが特徴です。

森永　そうでしょう。まあ言ってみれば、トイレのない家を建てるようなことはできないという考えですよね。

原発「即時ゼロ」が難しい理由

岸　僕はもともと資源エネルギー庁にいたこともあり、結論から言えば、原発は必要との考えを持っています。森永さんがご指摘のとおり、最終処分場の問題が棚上げにされてきたのは経産省の怠慢でもあり、この数年でようやく正面から向き合うようになりました。場所を探すか、あるいは国外に確保するのか、対応しなければならないのは事実です。

森永　現状、問題はまったく解決されていませんよね。

岸　そうです。一方で現状の日本を見たときに、再生可能エネルギー（太陽光や風力、地熱といった地球資源の一部など、自然界に常在するエネルギー）だけでやっていくのは厳しいと思います。エネルギー政策の要諦はなるべくエネルギー源を多様化しておくことです。現在、火力発電の割合が8割近い状況はちょっと異常なので、そこを変えていかないと、CO_2の削減もできないだろうなと思いますね。

森永　再生可能エネルギーの難しさはどこにあるとお考えですか？

岸　太陽光や風力発電は、発電効率の問題もありますが、発電できる時間が限定されるので、その電力をためる蓄電池の重要性が大きいと思います。これがよほど大容量でしっかりしたものにならないと、再生可能エネルギーばかりに頼れません。送電網上では、常に電力の需要と供給の量を一致させないといけません。そのためには、24時間発電できる電源というものが重要になります。これを再生可能エネルギーだけでやるというのは明らかに無理なんですよね。10年後、20年後に蓄電池の技術が大きく進化して、かなり大容量の電力をためられるようになれば、原発なしでもなんとかなるかもしれません。ただ、これはすぐに実現できるプランではないので、「CO_2削減」「電力価格を下げる」「火力発電用の燃料輸入を減らす」、この

3つの要素を満たす観点から、ある程度は原発が必要になると思います。

森永　私はかなり違った見方をしています。いまや電力供給構造を抜本的に改めるしかない事態に直面していると思うのです。大雑把な話をすると、現在、家庭が電力会社から購入する電力量料金は1kWh（キロワットアワー）当たり40円程度です。これを100円程度に引き上げれば、地熱やバイオマスなどの自然エネルギーでも採算が取れる。一方で、郊外や地方の居住者は、自宅の屋根で太陽光発電をする。いま、太陽光パネルの価格が下がっているので、電力コストは、1kWh当たり10円を下回る。

岸　なるほど。

森永　大都市と地方で、電気代が10倍違う社会にすれば、地方移住する人が増えて、東京一極集中に歯止めをかけられる。夜間の電力は、必要最低限を蓄電することにして、基本的に早寝早起きにライフスタイルを変えればよい。エネルギー問題は、それくらい大胆な構造転換が必要ではないでしょうか。そうすることは、災害対策にもつながります。地震や台風で送電線が切断されると、大規模な停電が続きますが、電力の自給自足を進めれば、そもそも送電の必要がなくなるので、停電は劇的に減ります。また、安全保障の面でも有利になります。ウクライナ戦争で、ロシアが真っ先に狙ったのは、発電所でした。電力供給を途絶させて、経済社会に打撃を与えるのです。これも、電力の自給自足を進めることで、そうした攻撃ができなくなります。

岸　資源のない日本という国においては、エネルギー問題は常に大きな政治課題です。電力には3つの制約があり、まず、1秒たりと電力供給が途絶えてはならないこと。そして、できるだけ低料金で供給できること。さらに、地球環境を悪化させないこと。これが求められていますから、原発をどうするかという問題も含め、議論を続けていかなければなりませんね。

異常にギャラの高い原発関連の講演

森永　ちょっと別の話になりますが、よろしいですか。

岸　もちろん。

森永　原発立地地域、原発関連企業からの講演依頼って、とてつもなくギャラが高いんですよ。

岸　そうなんですか？

森永　私のところにも、1時間話しただけで100万円以上という案件が来ます。まあ最近はないですが、東日本大震災前はありました。黒塗りのハイヤーが迎えに来て、すごいんですよ。そういう接待をするというのは、相当、後ろめたいことがあるんじゃないですか？

岸　予算に計上されているということですね。ロビー活動、メディア対策含め、世論を作るための費用が予算化されている。

森永　私の経験だと、原発関連の講演と金融関係の講演は、確実に単価が高いんです。どちらも怪しい業界ということなんだと思いますよ。

岸　庶民の味方である森永さんらしい意見ですね。

4章　ザイム真理教

財務省は霞が関最強の「軍隊」

森永　岸さんは経産省の官僚として、財務官僚とは丁々発止、やってきたと思いますが、改めて、財務官僚とはどんな人たちですか？

岸　非常に表現が難しいところはあるのですが、経産省と比較してみると「軍隊」というイメージですね。

森永　規律正しくまとまっている。

岸　そうです。やはり自分たちの庭先、所掌範囲である財政ですよね。だから、経済よりも財政が優先。経産省より優秀な人たちがあれだけ団結しているわけですから、組織としては強力です。

森永　高評価じゃないですか（笑）。

岸　財務省って賢いなと思うのは、相手が政治家でも財界でも、貸し借り関係を常に最大化することによって、自分たちの政策を必ず実現すると。そういう戦略的な動きがありますよね。しっかりと相手を見極め、担当を決めて、省が作ったワンボイスの説明がすみずみまで統一されている。手ごわいなと思うと同時に、財務省が財政のことばかり考えているのは、日本にとってもったいないないなと思います。

森永　岸さんはいま「軍隊」とおっしゃいましたが、私は著書『ザイム真理教』（三五館シンシャ）で、彼らは「カルト教団」であると定義しているんです。

岸　存じ上げております（笑）。

森永　彼らはカルト教団として、ものすごく強い布教活動をする。政治家はもちろん、財界人、経済評論家とか、最近ではお笑い芸人のところまで、布教・洗脳活動にいくわけですよ。私が聞いた限りで言えば、主要な政治家で財務官僚の「ご進講」攻撃を受けていないのは山本太郎（れいわ新選組）しかいないんですよ。

岸　政治家ではそうかもしれないですねえ……。

森永　たとえば、たかまつななさんとか、討論番組に出るようなお笑い芸人のところにも来るし、財務省に批判的な荻原博子さんとか須田慎一郎さんのところにも来るんですよ。

岸　森永さんのところには……。

森永　来ない。

岸　来ないんだ（笑）。

森永　私のところだけ来ない。私と山本太郎だけが例外扱いなんです。いや、彼らが財政のことを考えるのはいいんです。それがとてつもない勘違いと言いますか、わざと嘘をついていると思っていますけど。

「カルト教団説」の根拠

岸　どんな嘘ですか？

森永　たとえば安倍政権の末期、2020年度のプライマリーバランスの赤字は80・4兆円でした。今年度（2024年度）の赤字は9兆円。つまり岸田政権は、約70兆円も財政を絞ったわけです。しかも今年度予算の税収見積もりについては、ほとんど税収を増やしていないんですね。普通に税収を計算すると、今年度のプライマリーバランスは黒字になるんですよ。

岸　はい。

森永　最近、ＩＭＦ（国際通貨基金）がバランスシートを出すようになって、それによれば日本は借金も多いけれども、資産もそれ以上に多い。確かに金利が上がると国債の利払いは増えるんですけれども、それ以上に資産の運用益が増えるので、何の影響も受けないんですよ。それなのに財務省は「このままでは財政破綻するぞ」と脅すわけです。これってカルト教団そのものじゃないですか。

岸　財務省カルト説ですね。

森永　カルト教団って、悩んでいる人のところにやってきて「あなたの顔に死相が浮かんでいる」とか言うわけですよ。「このままいけばあなただけでなく、子々孫々まで悪霊の呪いを受けることになる！」と叫ぶでしょう。

岸　ハハハ！

森永　そこでこう言うわけですよ。「いますぐこの１００万円の壺（つぼ）を買いなさい！」と。それで増税するのが財務省の常套（じょうとう）手段なんです。

岸　まあ、財政規律を守ることに関しては、考えが統一されてますね。

森永　もう1つ許せないのは、人事面で「増税するとポイントがつく」というシステムになっているんです。その典型がたばこ税ですよ。もう何度増税しているか分からないんですけれども、増税して、たばこ税の税収全体が増えたことは一度もないんです。

岸　そうですね。上げると喫煙者は減りますからね。

森永　いくら増税しても税収はニュートラルっていうのは珍しいんですが、それでもなぜこんなに何度も増税するのか。それはポイントが付与されるからです。

岸　財務省内で出世するためには有利な実績につながるということですか。

森永　そうです。一方で、日本経済を成長させれば、自然増収という形でとてつもない税収が入ってくるわけですけれども、それに関してはノーポイントなんです。つまり彼らは、日本経済がダメになっても、増税、増負担ができればそれでいいわけです。

岸　増税が目的化しているということですね。

「増税成功」が出世につながるシステム

森永　そうですよ。特に、増税のなかでも消費税。この税率をアップさせた官僚は「レジェンド」としてずっと省内で奉られ、語り継がれる存在になる。これだけ基本のところの理念を間違えている役所って財務省以外にないと思いますが、どう思いますか？

岸　これだけ税収が増えているのに、どうして財務省は財政再建ばかり唱えているのか。これは森永さんがおっしゃるように、一般の国民のなかにも素朴な疑問としてあると思うんですよね。日本でも、財務省ＯＢの髙橋洋一さんが財務省批判を展開してますし、アメリカでも決して主流派ではないですが、財政再建論を批判するエコノミストもいます。ただ、より保守的、より慎重な考えが幅をきかせるのは、もうエリートとされる人たちが持つ基本的な傾向なんですよ。

森永　彼らのなかに、悪のカルト教団化している意識はないのかなと思いますね。

よく「国際機関も日本の財政再建を要請している」という記事が新聞等に出てくるのですが、実はＩＭＦには財務省から出向者が行っていて、彼らがそれを書かせているんです。つまり、ＩＭＦが言っているのではなく、財務省が言わせているんです。国際的には、資産を考慮せずに、グロスの借金（総債務）だけで議論しているのは、日本くらいだと思いますよ。

岸　これも良心的な目で見ればですよ、財政を預かる財務省としては、万一、金利が上がっちゃったらどうしようとか常に考えるわけですよね。言ってみれば、一般家庭の家計を仕切っているお母さんみたいなもので、まだ余裕があったとしても「何が起きるか分からない」ということで、何かと財布のひもは固く締め、お父さんにはしっかり給料を入れさせる。慎重は役所のＤＮＡみたいなものですよ。

森永　増税成功が出世のポイント、評価にはつながっていると思いますか？

岸　あると思います。これは財務省だけではなく、たとえば経産省だって、たとえムダなものであっても、予算を増やした人間は「よくやった」と評価されてしまうわけですね。国益より省益、という論理は生きてます。

森永　企業が利益を出すのとはまったく違う論理で評価されるわけですね。

岸　そうですね。ただ、先ほどの借金と資産の話で、確かに資産のほうがある程度多い。テクニカルにはそのとおりなんです。ただ、金融市場のヘッジファンドがそうした論理に基づきロジカルに行動するかというと、またそれは別の話になってくるんですね。以前、ユーロ危機があったときにギリシャが破綻寸前になったことがありましたよね。

森永　ああ、ありました。

岸　あのときも、ギリシャの財政状況っていまの日本よりもよほど良かったんです。それでも狙われて、破綻寸前のところまでいってしまった。そういうことを考えれば、財務省も、テクニカルに正しいことだけをもって政策を打ち出すというのはできないと思います。

森永　当時のギリシャが日本と根本的に違っていたところが2つあって、1つは海外から借金をしていたこと。海外といっても、貸しているのは高利貸しのような人たちなので、ギリシャをあえて追い詰めに行った。もう1つは、ギリシャはユーロに参加しているので、自国通貨がなく、金融政策を取れなかったことです。日本は自国通貨があり、しかも政府の借金の大部分は国内からですから、日本がギリシャのようなことになることは、そもそもないんです。

財務省に「洗脳」される議員たち

岸　私は、財務省の気持ちは分かるといったところですね。ただ、財務省の組織をあげたキャンペーン、森永さんの言葉でいう「洗脳」は本当にすごいです。主要な政治家には担当を張りつけているぐらいですし、世論に影響力を持つ人間には、あの手この手でレクチャーを持ちかける。しかも、そのレクはロジカルでレベルが高い。その部分では間違いなく、霞が関で最強だと思います。野党の議員ですら、財務省の言うことに納得しちゃいますからね。

森永　そうそう。中途半端に経済を勉強している議員ほど、たちが悪いんです。

岸　いまは野党の国会議員も財務省の説明にすぐ納得してしまいます。私はこっちのほうが問題だと思いますね。

森永　私はもうこの十数年、声がかれるまで、野党議員の皆さんに説得を続けてきたんです。いちばん印象的だったのは、立憲民主党の長妻昭さんと『朝まで生テレビ！』（テレビ朝日系）に出演したときのことです。番組が終わった後、いかに財務省の出している統計がインチキで、うまく騙されているか、延々と話したんです。

岸　長妻さんはなんと言ってましたか？

森永　最後にこう言いましたよ。「森永さんの言ってるのは、理屈としては分かるんだ。だけど、なんか腑に落ちないんだよね」と。

岸　結局、受け入れてはもらえなかった（笑）。

森永　「腑に落ちない」って何なんだと思いましたけど、もう洗脳されているから、解除するのにはものすごく時間がかかるんですよ。

岸　財務省って説明がうまいですよ。まあどこの役所でも、総じて説明がうまい人間がレクに行くわけですが、財務省はもっともそれを得意としています。いま国会でも、政府が出した法案は大修正とかほとんどなくて、だいたいそのとおり通ってますよ。いかに財務省が「ご説明」に力を入れているかがよく分かります。その結果、いまの政治家は与野党問わず、どんどん小役人化しています。

財務省批判の新聞社に「税務調査」

森永　政治家だけではなく、マスコミもそうですよね。産経新聞に田村秀男さんという論説委員兼編集委員がいます。もとは日経出身の方ですが、この人のところに財務官僚が「ご説明」に来たわけですよ。

岸　財務省には批判的なスタンスの方ですよね。

森永　そうです。ところが田村さんは、財務官僚の洗脳にも負けない知識とロジックをしっかりと持っている方で、その場で「ご説明」をコテンパンに論破してしまったんです。

岸　それはすごい。

森永　その直後、産経新聞社に税務調査が入りました。

岸　本当ですか？

森永　入ったのは本当です。ただ、田村さんのことと関係があったという証拠はありません。消費税増税に批判的な論陣を張っていた東京新聞の経営母体である中日新聞社にも税務調査が入った。だから危ないんですよ。

岸　森永さんは税務調査とかないですか？

森永　いまのところ、まだないですけれども、いつやられてもおかしくないとは思ってます。ただ、うちは経費率が1割ないんで、仮に税務調査してもあまり持って行けない構造になっています（笑）。

岸　役所にはそういう武器がありますよ。財務省には税務調査権がありますし、警察の捜査能力、情報力はもちろん巨大権力です。あと、厚生労働省も企業に対しては労働基準監督署が指導できる。世の中、怒らせていちばん怖いのは税務署と警察と言われますからね。

森永　安倍さんが亡くなった後に刊行された回顧録のなかで、かつて政権を担っていた民主党が財務省の「注射」によって、増税路線が正当化されていく構造が指摘されていました。そのマインドコントロールは岸田政権にも仕掛けられているのではないですか？

岸　そう思います。財務官僚からすれば、取り込みやすさの点で言えば、安倍政権よりも岸田政権のほうがよほど楽でしょう。ただ、一枚岩のように見える財務省も、その権力基盤は以前と比べれば弱体化しています。エリート集団であることは間違いありませんが、日本の最高の知性が集まっていた時代と比べると、いまはずいぶん様変わりしているのではないでしょうか。

東大生が〝霞が関〟を敬遠するようになった

森永　これは財務省だけでなく霞が関全般に言えることですが、優秀な人材が官僚を目指さなくなったと言われて久しいですよね。

岸　僕が通産省に入った年（１９８６年）は、事務系の同期が29人いて25人が東大出身者でした。大蔵省もキャリア組はほとんど東大だったはずです。ただ近年、東大生の官僚離れは顕著になっていて、それはデータでもはっきりしています。いま、優秀な学生の就職先はコンサル系や投資銀行と言われていますよね。さらに言えば、もっとも優秀な学生は就職するのではなく起業します。財務省や経産省はいまでも東大出身者に人気があると聞きますが、入ってもすぐに辞める人が多い。これも現場では問題になっています。

森永　霞が関の職場がブラックなのは相変わらずですが、外資系の企業と比べるとまず待遇がぜんぜん違いますよね。

岸　そうですね。やはり社会人1年目から年収1000万円以上という企業があるなかで、官僚はどんなに頑張って夜中まで働いても、所詮は公務員ですから若いうちは給料も安い。僕はよく言われる「働き方改革」が嫌いなんです。その本質は「休み方改革」になっていますから。とはいえ、そういうゆるい時代になってきて、休みも多く給料も高い企業に優秀な人材が流れていくのは、残念ながら仕方がないことなのかなとは思います。

森永　岸さんも若手時代、やはり激務でしたか？

岸　森永さんが経企庁に出向していたときと同じで、仕事が終わるのは常に深夜、タクシー帰りです。定期券を買ったことがなかったですから。最悪でも終電までには帰れるようになったというこいまの現場の話を聞くと、つい「電車で帰れるならまだいいじゃん」って思ってしまう（笑）。僕らの時代が良かったとは言いませんが、なんでも「ブラック」「パワハラ」と言われてしまう風潮には違和感を覚えますね。

森永　大蔵省が財務省と名前を変えて、多少エリート意識が軽減されたとしても、カルト教団としての体質は変わっていません。むしろ、カルト性は高まっているんじゃないかな。「統一教会」が「世界平和統一家庭連合」と名前を変えても中身は同じなのと一緒です。

「森友学園事件」で責任を取らない財務官僚

岸　１９９０年代の橋本政権における行革で省庁再編が進められ、いわゆる財金分離によって、当時の大蔵省の強力な権限が弱められたと言われます。当時の行革の方向性は正しかったと思いますが、統廃合、数合わせが目的化してしまった部分もあって、結果的にいまの時代にうまく機能していない面も多々あります。

厚生省と労働省をくっつけたのがその典型例で、いまの日本が抱える大変な問題の多くが現在の厚生労働省の管轄に集約されているんです。社会保障、非正規雇用、医療、年金の問題。全部、厚労省です。役所が大きくなったことで、結果的に小回りがきかず、対応能力が削がれていると思いますね。また財金分離にしても、結局は金融庁も国税庁もトップは旧大蔵官僚ということで、財務省の支配が続いていることは明白ですしね。

森永　金融庁や国税庁だけではなく、検察や裁判所まで財務省の支配下に置かれていますよ。森友学園事件で、近畿財務局の職員だった赤木俊夫さんが違法行為を強要され、それを苦に自殺しているのに、改ざんを指示した張本人の佐川宣寿元国税庁長官は無罪放免（2024年8月現在、最高裁へ上告中）、退職金まで支払われている。本来、懲戒免職にすべき事案だと思いますし、公文書を書き換えたことの刑事責任を問われないのはおかしいです。職場環境以前の問題として、こんな理不尽がまかりとおっている霞が関に、優秀な人材が入ってくるはずがないですよね。

岸　安倍政権時代、官邸を取り仕切っていたのは経産省出身の今井尚哉秘書官でした。安倍さんの根深い「財務省不信」はよく知られているとおりで、内閣広報官にも経産省出身の長谷川榮一さんが起用されていた。さすがの財務省も安倍さんを「洗脳」し取り込むことには苦労していたはずですが、だからといって「言うことを聞いてくれないから政権を倒しにかかる」ということはできなかった。森友学園事件は、財務省の弱体化を象徴していたようにも思いますね。

5章　防衛政策

防衛費をめぐる議論

森永　１９８０年代半ば、中曽根政権の時代に防衛費の対ＧＮＰ（現在のＧＤＰに相当）比率１％枠を、なんとかそれ以上に突破させようとしたわけですが、世論の反発はものすごいものがありました。

岸　そうでしたね。

森永　結局、中曽根政権ですらできなかったことを、岸田政権は何の議論もせず、あっさりとＧＤＰ比２％にしちゃってますよね。その増えた分、どうするのかといえば、自衛隊員の処遇を改善したり、装備を拡充するのではなく、巡航ミサイルのトマホークをアメリカから買うと。この防衛策についてどう思われますか？

岸　論点がいくつかありますけれども、まず防衛費を増やすこと自体はやむを得ないのかなと考えています。中曽根さんの時代といまとでは、東アジアの安全保障情勢は大きく変わりました。野心を持っている中国がこれだけ強くなり、北朝鮮も核を持ちながらロシアと「軍事同盟」を結ぶと。日米同盟もありますが、今年（2024年）の大統領選の帰趨(きすう)によっては、いつまでもアメリカが守ってくれるとは言い切れないわけですね。だから1％を超えるのは当然だろうなと。

森永　なるほど。

岸　ただ森永さんがおっしゃるように、その予算をどう使うかという問題はありますよね。北海道の自衛隊駐屯地などに行くと、宿舎なんてもうボロボロですよ。装備も足りないし、部品もない。本当は足元のところをしっかり強化しないといけないのですが、実際の予算はそこに使われそうもない。

森永　自衛隊に入りたいという人もいなくなりますね。

岸　そうです。あと問題なのは、これだけ円安になってしまうと、当初想定していたものが十分買えないわけですよ。そういうこともまったく議論されていないですから、方向性は正しいにしても、その先に問題がある。

日本人全員「ベトコン化」計画

森永　私はこれでも、日本の国は自分たちで守らなくてはいけないと、そう思っているんです。ただ、多くの日本人は無責任で、他国が攻め込んできたら「それは自衛隊が戦えばいいじゃん」と思っているんですね。

岸　そういう感覚かもしれないですね。

森永　たとえばベトナム戦争で、アメリカはベトコンの抵抗に屈したと言われました。ヒトラーがパリを占拠したときも、フランス側のレジスタンス運動にいちばん手を焼いたと言われます。私は他国から攻められた場合、全国民がベトコン化する必要があると思っているんです。アメリカからトマホークを買うぐらいだったら、俺にロケットランチャーをよこせと。

岸　日本人全員ベトコン化計画ですね（笑）。

森永　うちは航空自衛隊入間基地のすぐ近くにありまして、自衛隊機は物干し竿で叩いたら落ちるのではないかと思うほど低空を飛んでいきますよ。だからもし、入間基地が他国に占拠されたら、私はロケットランチャーで迎撃しますよ。

岸　すごい構図だな。

森永「日本人、みんなで戦おうぜ」って言ってるんですけど、誰も賛同してくれる人がいない。

岸　異論があることも承知で言えば、韓国の若者は原則として軍隊に入るわけですけれども、僕は日本にもそうした制度があってもいいのではないかと思っていいます。これで軍や自衛隊を充実させるとかいう意味ではなくて、これだけ安全保障を取り巻く環境が不安定になっているなかで、日本の若者はいま、相当弱くなっていますよ。

森永　肉体的にも精神的にもそれは言えますよね。

国産ジェット機事業はなぜ撤退したか

岸　1億総ベトコン化までいかなくとも、1～2年、男性が自衛隊で修行するという制度は、まじめに考えてみる余地があるのではないでしょうか。

森永　これを言うと必ず世間から袋叩きにあうんですが、私は「ファントム機を1機くれ」と言ってるんですよ。

岸　何をやらかすんですか？

森永　ならず者国家に日本が占拠されたら、そこにファントム機にミサイルを積んで、特攻をかけてやると。それを言ったら、右からも左からも「まずお前が死ね！」の大合唱でした。でもどうせ死ぬのであれば、日本のために死にたいという純粋な気持ちなんですよ。

岸　その気持ちの延長で言えば、アメリカからトマホークを買うのではなく、日本でも武器を製造できるようにしておく必要はあると思いますね。

森永　三菱重工業の子会社が開発していた「三菱スペースジェット（旧・MRJ）」という国産ジェット機がありまして、これは1兆円規模のお金がかかったのではないかと言われています。ところが昨年、この事業が撤退に追い込まれるという不可解な出来事がありました。アメリカが型式証明を出さなかったおかげで、資金も人材もすべてがムダになったわけです。日米同盟とはいいながら、アメリカ側がいまだに「日本にはジェットを飛ばさせねえぞ」みたいな話なんですよ。

岸　それは大きな話題になりましたね。

森永　ホンダの「ホンダジェット」は世界中で評判良く飛んでいるんですよ。でもそれは、アメリカで製造しているからなんです。三菱は国内で造ろうとしたからダメだった。本来

2023年2月、三菱重工業は「三菱スペースジェット」の開発断念を発表。日の丸ジェットの夢は“墜落”した。写真：JUN YOKOKURA/アフロ

は経産省が反乱を起こすべき案件ですよ。

アメリカ人の根強い「優越思想」

岸　僕もそう思います。やっぱり日本政府はアメリカの意向が最優先ですからね。僕はアメリカ嫌いですが、それには自分の実体験に根ざした理由があるんです。

森永　どのような体験だったのですか？

岸　僕は1995年から3年間、KEDO（朝鮮半島エネルギー開発機構）というニューヨークにある国際機関に出向していた時期があり、その当時、アメリカ人女性と交際していたんです。そのとき初めて、アメリカ人の思考、ものの考え方というものを学ぶことになったんですね。

森永　当然、上から目線ですよね。

岸　そうですね。あくまで自分たちの考えがグローバルスタンダードであり、世界の中心。日本はせいぜい子分扱いであって、自分たちが常に世界のナンバーワンだと考えています。それが標準的アメリカ人の思想ですね。そうしたアメリカ人の基本的な性格は、仕事でもプライベートでも、いたるところで思い知らされました。

森永　それでも日本政府はいまだに「アメリカのポチ」を続けているじゃないですか。大きな間違いだと気づくべきですね。

岸　1980年代に日本の経済が強くなってくると、アメリカはプラザ合意や日米貿易交渉で徹底的に日本をつぶしにかかりました。当時アメリカが日本にやっていたことと同じことを、いま中国に対してやっているわけです。

森永　次の大統領がトランプになった場合、いろいろ変わりますよね。

岸　もし中国が台湾を攻めたら、トランプ大統領は日本に「軍隊を派遣しろ」と言い出すかもしれないですよね。

森永　言われると思いますよ。

岸　アメリカというのはそれぐらいの相手なんだ、ということを十分意識して、自立できる路線を目指さないといけないと思いますね。

森永　いびつな日米関係という意味では私にも原体験があります。昭和の東京五輪が開催された1964（昭和39）年、私は父に連れられて渡米し、マサチューセッツ州のボストンにある小学校に入ったんですよ。学校で鬼ごっこをやると、私だけつかまっても鬼にならなかった。「なんで僕は鬼にならないの」って聞いたら、アメリカ人の子どもたちに「だってお前は人間じゃないじゃん」って言われまして。

岸　ええっ……それはひどいですね。

森永　あとね、アメリカが日本に穀物を輸出するときに、ポストハーベストと呼ばれる農薬を、収穫後の穀物にかけるんです。ところが、アメリカ国内向けに出荷する穀物にはそういうことをしないんですよね。

岸　そうなんですか。

森永　私は「どうして収穫された後の穀物に、しかも輸出するものだけに農薬を散布するのだろう」と疑問に思っていたんです。そうしたら、あるときアメリカ人の農業関係者がこう言ってましたよ。「家畜に食わせるものは、俺たちだって農薬をかけてるぜ」とね。

岸　なんとも露骨ですが、本音かもしれないですね。

6章　小泉構造改革

ダイエーの処理は正しかったか

森永　さてここで、3章でも少し触れた、岸さんが竹中大臣と一緒に取り組まれた小泉構造改革についてお聞きしたいと思います。まずは、ダイエーに代表される不良債権処理です。不良債権というと、バブル期に誰も来ないような場所にいい加減なテーマパークを造って、結局ぺんぺん草が生えてしまうというイメージを持つ国民が多いようですが、実態はまったく違います。バブル崩壊で都心の地価が3分の1以下に下落して、企業が融資を受ける際に銀行に差し出した不動産担保の価値が融資額を大きく下回ってしまった。いわゆる担保割れです。その担保割れの部分が不良債権の大部分を占めたわけです。

岸　そうでしたね。

森永　この担保割れに対しては、当時から2つの対処法が提案されていました。

1つは、何もせずに放置すること。たとえば、ダイエーも決算は黒字基調で経営

竹中平蔵経済財政政策担当大臣（右）の補佐官を務めていた頃の筆者（岸博幸）

自体に問題はありませんでした。ただ、イトーヨーカドーの店舗の多くが賃貸だったのと比べて、ダイエーは銀行から借金をして、駅前に自社ビルを構えていたため、地価下落で不良債権が膨らんでしまったわけです。そのため、地価が元に戻れば、不良債権問題は自動的に解消されることは分かっていました。もう1つの対処法は、地価が戻る保証はないので、早めに不良債権対象の企業をつぶして、回収できる分だけでも融資を回収することです。

経済産業省は、前者の立場だったと思いますし、いまになってみると、都心の地価はバブル期を上回る値上がりを示しているのですから、経産省の考えは正しかったと思うのですが、竹中平蔵大臣はダイエーをつぶすという選択をしたんですよね。その点に関して、岸さんはいまどのように考えていますか。

岸　正確には、ダイエーを〝つぶす〟のではなく〝政府の監視下で再生をする〟という選択をしたんです。当時、不良債権処理を行うに当たって、政策的には二段構えの対応をしました。まず、金融庁の銀行に対する検査・査定を厳しくして、破綻の懸念がある企業への融資に対して多くの引当金を積ませる。そして、再生の可能性があるけど破綻したら地域経済などへの影響の大きい企業については、政府が設立した産業再生機構で徹底的な〝外科手術〟をして再生する。ダイエーは、カネボウなどと並んで、いわば日本の不良債権処理の象徴的存在でした。なので、安易な延命を認めず経営責任をはっきりさせる、1990年代から日本経済を低迷させた不良債権の膿（うみ）を徹底的に炙（あぶ）り出すという意味で、ダイエーを処理する選択は間違っていなかったと私は思っています。ただ、流通業を所管する経産省はダイエーの産業再生機構入りにすさまじい抵抗をしました。いまでは笑い話ですが、必要な意思決定にかかわるダイエーの重要人物が一時期、行方不明になったくらいです。

森永　私は小泉総理や竹中大臣は、アメリカの圧力に屈服しただけだと思うんです。小泉総理の就任直後、2001年9月11日にニューヨークで同時多発テロが発生し、アメリカの金融業界は深刻な危機に直面しました。小泉総理はテロ直後の9月25日、ホワイトハウスにブッシュ大統領を訪ね、日米首脳会談が行われたのですが、そこでブッシュ大統領は「米国経済はテロで大きな打撃を受けたが、経済安定のために、やれる政策はみなやっている。日本も経済安定のために不良債権処理をぜひとも実行してほしい」と小泉総理に要求しています。小泉首相は、「今後2、3年で処理する」と回答しました。つまりダイエーは、アメリカへの生贄(いけにえ)だったのではないでしょうか。

岸　そうした穿(うが)った見方をする人が多いですが、事実はまったく違います。官邸での小泉総理と竹中大臣らの会議の場で、政権の意思として不良債権処理をやると決めたのです。小泉総理としては早く郵政民営化をやりたかったけど、不良債権という重石(おもし)で日本経済はボロボロ、株価もどん底と構造改革どころではない。

なので、まず不良債権処理をやって、その次に郵政民営化を進めると決めました。不良債権処理を行うこと自体は当たり前に正しい政策ですし、アメリカのファンドなどにとっては大きなビジネスチャンスになるので、アメリカが官民のあらゆるレベルでその方向性に賛成したのは事実ですが、アメリカの圧力で不良債権処理を始めたというのは事実とは全然違います。

「郵政民営化」は日本を幸せにしたか

森永　もう1つ、お伺いしたいことがあります。それは小泉政権の看板政策だった「郵政民営化」です。当時、政府が主張していた郵政民営化のメリットは3つありました。第1は、競争の原理の導入と経営の自由度の高まりで、業務分野の拡大やサービスの改善といった利便性の向上が図られること。第2は、民営会社に法人税や印紙税の納付義務が生ずることで税収が増えること。そして第3は、民間会社が自由に資金を運用することで、特殊法人等への資金の流れが変わることです。一方、民営化のデメリットには、ほとんど触れられませんでした。郵政民営化をすれば、日本経済は復活するとまで言い切っていましたよね。あれは本気で言っていたのですか？

岸　もちろん、本気でした。郵政民営化はもともとが扱いにくい「鬼っ子」で、検討した将来像は2つありました。1つは徹底した民営化で普通の金融機関にする。もう1つはナローバンク、つまり国債の吸収機関と位置づけ、規模をどんどん縮小して消滅させていくというものだった。ただ、それでは雇用に大きな影響が出るというので、選んだのが完全民営化だったんです。郵政民営化法案は国会で長時間にわたる議論をし、民営化後10年の将来像も示したうえで議論を尽くしましたが、その後の政権がこのマニフェストを放り出し、民主党政権時代から民営化の趣旨に逆行する動きが起きて、いつしか官僚主導が復活し、いまや郵政事業が当初の構想とかけ離れた場所にいることは確かです。

森永　実際に民営化直後に起きたことは、国民を幸せにしていないと思うんです。まず、郵便事業について言うと、集配局や時間外窓口の数が大幅に減らされました。

ゆうパックは、大口の割引は強化されましたが、ゆうパックカードの廃止や料金体系の変更で、小口の利用者の負担はむしろ増えたのです。2021年10月からは土曜日の配達が廃止されて、それまで2日あれば届いていた普通郵便が、4～5日もかかるようになって、国民の利便性が大きく棄損しました。さらに2024年10月からは郵便料金が約3割値上げされ、はがきが63円から85円に、定形郵便が84円から110円に値上げされる予定です。郵政民営化でバラ色の未来どころか、郵政民営化のツケが国民に回ってきているのです。この点をどうお考えですか？

岸　将来的に郵便の扱い量が大きく減るのは明らかだし、郵貯や簡保の利益で郵便局を支え続けるのは金融秩序の観点（金融機関の兼業禁止）から問題なので、郵政民営化をやるに当たっては、いかに郵便局や郵便事業が独り立ちできるようにするかが大事でした。そこで、〝完全民営化〟により、郵便局はそれこそどんなビジネスでもできるようにする、郵便局は他企業との連携など自由にできるようにする、という方向を目指したのですが、小泉政権以降の民主党や自民党の政権が郵政民営化を逆行させたことがいちばんの問題だと思います。

つまり、郵政の現実的な将来像は、徹底的に民営化して効率化するか、徹底的に国営化して非効率だけど手厚いサービスを全国津々浦々に提供するか、の両極端しかありません。でも、政治が完全民営化を引き戻して、両極端の中間である〝中途半端な民営化〟の状態にしてしまったのです。これでは話にならないし、結局、国民にツケが回るだけです。その意味で、郵政民営化に携わった者としては、いまの郵政の姿は非常に残念です。

竹中大臣と「派遣業界」の癒着

森永　私がもっとひどいと思うのは、郵貯・簡保事業です。郵便貯金事業では、代金引換郵便の手数料や払込みの手数料などが大幅にアップされました。簡易保険事業は、簡易保険そのものが廃止され、手軽な生命保険そのものがなくなってしまいました。そして民営化後、定額貯金に代わって郵便局が強く勧めるようになった投資信託は、いま新ＮＩＳＡの開始とともに「貯蓄から投資へ」の掛け声とともに急速に伸びています。安全・安心な貯蓄手段を提供するという、本来の郵便事業の役割がどんどん失われている。近い将来、世界の株式バブルが崩壊すれば、老後資金の大部分を失う国民が大量発生します。私は、いま世界では不当な高値のついた株式の最後のババ抜きが始まっていると考えています。郵貯・簡保の民営化は、そのババを国民に引かせるためのものだったのではないでしょうか。

岸　ババを引かせるところまで考えが及んでいなかったと思いますが、まず僕は投資そのものを否定するスタンスではありません。何もせず銀行や郵便局に貯蓄をしていれば安全に資産が増えた時代は、残念ながらもうやってこないでしょう。確かに新ＮＩＳＡも投資である以上、リスクはあるのですが、低金利の時代に何もしないというのもリスクですから、これは投資の選択肢を否定することはできないのかなと思います。ただ、いまの政府が投資の部分だけを煽る一方で、リスクについては自己責任、投資詐欺などの被害者救済も一切関知しませんという姿勢に見受けられるのは大いに問題だと思います。

森永　もう１つ、実は私が『年収３００万円時代を生き抜く経済学』（光文社）のなかでいちばん強く批判したのは、小泉構造改革の労働政策でした。日本人のライフプランを支えてきたそれまでの安定雇用を破壊して、小泉構造改革が作り出したのは、低賃金・不安定雇用の非正社員を急増させる政策でした。その典型が、2004年からの製造業への派遣労働の解禁でした。実は、労働者派遣法自体は、私が経済企画庁総合計画局労働班で勤務していたときに作られたのですが、そのとき有識者たちは口をそろえて、派遣解禁はよいけれど、建設業と製造業だけは、未来永劫絶対に認めてはならないという点で意見が一致していたのです。ところが、竹中平蔵氏が経済財政政策担当大臣のときに、製造業への派遣労働が解禁されてしまった。案の定、リーマン・ショック後に製造業の派遣労働者が大量の派遣切りにあい、日比谷公園には年越し派遣村までできました。私は、『朝まで生テレビ！』（テレビ朝日系）などの番組で数回、竹中氏に「なぜ製造業の派遣労働を解禁したのか」と問い詰めましたが、「私がやった政策ではない」と、事実自体を否定するのです。内側から見て、本当に竹中氏は雇用の流動化には関与していなかったのですか？

岸　これも非常に誤解が多いのですが、小泉政権が派遣労働を一気に拡大したのではありません。経緯的には1999年、つまり小泉政権ができる前に、派遣労働の雇用機会の拡大と保護強化を目的とした国際労働機関（ILO）の条約を日本が批准したことに基づいています。この条約の批准によって、それまでの労働者派遣法で派遣先職種を厳しく制限する「原則禁止、例外自由」の原則が、「原則自由、例外禁止」へと大転換されたのです。それに伴い、「当分の間」禁止となっていた製造業への派遣が予定どおり2004年に自由化されたに過ぎません。

つまり、それが小泉政権の間に実現したというのは偶然でしかなかったのです。2000年代に雇用の流動化が大きく進んだのは、竹中平蔵が旗を振ったからではなく、この制度変更を利用して、デフレ下で大企業経営者が固定費削減やバランスシート調整といったリストラにばかり邁進（まいしん）したからというのが正確ではないかと思います。ついでに言えば、タクシーの台数規制が緩和されて競争が厳しくなったのも竹中平蔵のせいだと言われることが多いですが、これも間違っていまして、タクシーの台数規制の緩和は、小泉政権ができる前年の2000年の法律改正によって措置されました。その改正法が2002年、つまり小泉政権になってから施行されたに過ぎません。それにしても、こうした事実が知られないまま、何でも竹中平蔵が悪いといまだに言われるんですから、竹中さんの人徳のなさを実感してしまいますねえ（笑）。

森永　竹中大臣は、大臣退任後、労働者派遣事業の大手企業・パソナに特別顧問として迎えられ、その後も長く会長職を務めました（2022年に退任）。その間、パソナから受け取った報酬は数億円にも及ぶと言われています。製造業への派遣労働を認め、その受益者であるパソナに天下りするというのは、道義的に許される話ではないと思うのですが、その点はいかがでしょうか？

岸　その点については、いちばん国民からの批判が大きい部分だと思いますし、ご本人も、パソナの会長になれば、当然そういう声が上がることは分かっていたと思うんです。結局、そのうえでご本人が判断されたことなので、私は何も言えません。これについては、森永さんと同様の疑問を持つ主要なメディアが竹中さん本人にインタビューしており、「批判に答える」という形で考えを述べています。その評価は、国民に委ねられていると思います。

「外国人労働者」の受け入れは必要か

森永　労働の話をしてきたので、ついでにもう1つ、外国人労働者の話をしたいと思います。つい最近、育成就労制度を可能にする入管法改正案が国会で成立しました。日本は戦後「一般労働力としての外国人労働者は受け入れない」という政策を貫いてきたのですが、それが根底から覆されることになりました。

岸　裏金事件の陰に隠れてあまり報道されなかったですよね。

森永　そうです。私は、経済企画庁に勤務していた40年前からずっと、外国人労働者受け入れの影響をシミュレーションする業務を続けてきました。確かに外国人一般労働力に門戸を開くと、短期的には人手不足に悩む企業を救う効果があります。しかし同時に、日本人と競合するから賃金は下がり、安い労働力が利用可能になるから設備投資は低迷します。一方、中長期的に見ると、低賃金労働者が増えるので、財政収入がさほど増えないなか、子弟の教育や治安対策・住宅対策などの財政負担が増えるから、財政収支は大幅に悪化する。さらに社会保障制度も、短期的には保険料収入が増えるが、中長期的には給付増で収支が悪化する。結局、外国人一般労働者を増やすと中長期のGDPはむしろ減少していくのです。

つまり、外国人労働者の増加でメリットを受けるのは、それを雇用する企業だけで、そのツケは中長期的に国民全体に回ってくる。この結論は、私が担当したシミュレーションで一度も揺るがなかった事実です。

岸 つまり、将来的には日本の重荷になるということですね。

森永 そうです。高度経済成長期の欧州は、人手不足を補うために大量の外国人労働者を受け入れました。そのツケは、いまだに欧州の経済や財政を苦しめ続けています。私の耳からは、ドイツの移民担当者が語った言葉がずっと離れない。「我々がいまこれだけ苦労している現状を見ていながら、なぜ日本が新たな火種を取り込もうとするのか、まったく理解できない。ただ、所詮は外国のことだから、やってみればよいんじゃないですか」。日本は重い十字架を背負ってしまったのですが、この外国人労働者受け入れに舵を切り始めたのが、他ならぬ小泉構造改革だったと思います。岸さんは、外国人労働者の受け入れをどう考えていますか？

岸　これまで、外国人労働者の受け入れは基本的に技能実習制度に基づいていましたが、この制度自体、小泉政権の前からありましたし、かつ小泉政権の間は受け入れる外国人労働者の数も非常に抑制的でした。むしろ、岸田政権が外国人労働者の受け入れを大幅に増やし、事実上の移民の受け入れ増加に舵を切ったと言えるのではないでしょうか。技能実習制度を育成就労制度に改組し、低技能外国人労働者の受け入れを増やすとともに、それら外国人の長期にわたる滞在や家族の帯同も認めたのですから。本来、日本は経済の生産性を高めるのに貢献する高技能の外国人労働者の受け入れをもっと増やすべきなのに、そうした外国人労働者受け入れの基本方針もないまま、産業界の要望にのみ基づいて無節操に低技能の外国人労働者の受け入れを増やすことを決めた岸田政権こそが問題ではないかと思います。

対米路線の潮目が変わった「1985」

森永　ここで話題を大きく切り替えようと思います。日本経済は１９８５年まで、破竹の勢いで経済成長を続けました。戦後の焼け跡からスタートして、「奇跡の高度経済成長」と世界から驚きの目で見られるようになったのです。当然、それだけ勢いがあったら、摩擦を生みます。ただ、日米自動車摩擦をはじめとして、通産省は国益を守るために必死でアメリカと戦っていました。日本が先進国の一員として、独立国になる努力を続けていたのです。ところが１９８５年を境に、日本の対外政策は完全な対米従属路線に変わってしまいます。潮目が逆になったのです。

岸　バブル景気の起点となった年ですね。

森永　私はその原因が１９８５年8月12日の日航機１２３便の墜落事件だったと考えています。日航機の墜落の41日後にプラザ合意がありました。私は、自衛隊の誤射を隠蔽(いんぺい)するためにボーイング社が責任をかぶり、その見返りとしてのプラザ合意だったと思っています。そしてその翌年に日米半導体協定が結ばれました。当時、日本の半導体市場（世界シェア）は5割だったにもかかわらず、市場を開放しろと迫られ、１９８９年に日米構造協議が始まった。このあたりからはもう全面服従ですよね（編注：ご存じない読者の方は、森永氏が「マガジン９」というウェブサイトに書いた原稿を巻末に再掲しているのでご覧ください）。

岸　そうでした。

森永　私は日米構造協議のとき、経産省に出入りする荷物運搬係、メッセンジャーの小僧だったんですが、協議の会場に行くと、アメリカ側にも同じような小僧がいるんですよ。

岸　アメリカ小僧が（笑）。

森永　その小僧同士で話したんですよ。アメリカ小僧にこう聞かれたんです。「なんで日本は、外交交渉なのにこっち（アメリカ）の要求、丸飲みしてるんだ？」と。当時の私は答えられなかったんですが、いまは、すべては日航機の事故から始まったと思うんですね。

岸　日航機事故とプラザ合意の時系列は、いま聞きますと「ああ、そうだったか」と思いましたが、少なくとも１２３便の墜落については、政府内では何も聞いたことがないですね。だから事故原因については一切、分からないんです。

森永　私は墜落から40年近く、この事件を追い続けてきて、何度もメディアに言ったんです。「私の主張が正しいと報道する必要はまったくない。ただ、もう一度事故原因について振り返って、検証番組を作りましょう」と。それでも、すべて拒否されました。

岸　それも奇妙な話ですね。

森永　一度だけ、生放送で放送される直前までいったのですが、ほんの数分前に中止になるということがありました。

岸　そう聞くと確かに不思議な気もするのですが、日航機に関しては本当に、政府で働いていたときも何か「真相」なる説に触れたことはないんですよ。１９８０年代の日米関係については、経産省のなかで見ていた皮膚感覚で言うと、アメリカが久しぶりに本気で日本をつぶしに来て、それがプラザ合意であり貿易摩擦であったと。それに対し、だいぶ日本は臆すると言いますか、ビビっていた部分は感じましたね。

森永　そうでしたか。

岸　あと印象に残っているのが、外務省の非常にへりくだったというか、卑屈な態度ですよね。やはりイングリッシュスクールの人々は、相手国のアメリカの意向を最優先に置いていて、交渉といいながらもアメリカの顔色をうかがうといった様子がありありと感じられましたよね。そうした雰囲気が政府全体に広がってしまったように思います。

森永　外務省がアメリカに隷属化してましたよね。

岸　その傾向はあったと思います。僕は資源エネルギー庁にいたとき、WTO（世界貿易機関）のエネルギーサービス自由化交渉における日本側代表だったんです。僕はこのとおりガンガンいくタイプだったんで、いろんな国への根回しも含め自己流でやっていたら、外務省から怒られましたよ。「やりかたが下品だ」って。彼らの流儀で言えば、もっと上品、スマートにやりなさいということですよね。

森永　マリー・アントワネットの言葉とされる「パンがなければケーキを食べればいいのに」みたいな世界ですよ。外務省がお公家様のような外交を続けたことも、対米従属路線を決定づけたような気がします。

7章　株式市場はバブルか？

「チューリップバブル」再来説

森永　私はいま、人類史上最大のバブルが世界を支配していると思っています。1630年代のオランダで「チューリップバブル」がありました。そのとき、チューリップの球根1個が家一軒に匹敵するほどの値段に高騰したわけです。その後、バブルが弾けて破産者だらけになるのですが、いま時価総額世界一になったことで知られるエヌビディア（NVIDIA）の半導体は「チューリップの球根」みたいなものじゃないかと思います。

岸　なるほど。歴史は繰り返すことになるのかなあ。

森永　私の見立てでは、数年以内にバブルが崩壊して、日経平均もニューヨークダウも10分の1になる。特に最近、新NISAに踊らされて、「オール・カントリー」（全世界株）とか「S&P500」に投資している人は、1つは株価の暴落、もう1つは3割以上の急激な円高、そのダブルパンチによって資産額が7%にまで減るんです。

岸　いきなり7％ですか（笑）。

森永　はい。7％減ではなく、93％減です。こうなると破産者だらけになるわけですが、岸さんはいまの株式市場をどう見ますか？

岸　僕も森永さんほどじゃないにせよ、日米の株価は多少バブルの状況になっているなと感じていますね。米国経済が予想以上の長期にわたって好況を続けたのに加え、半導体バブル、ＡＩバブル、円安バブルと、幾つかの小バブルがあったからこそ、アメリカと日本の株価が昨年から基調的にずっと上がり続けましたよね。２０２４年8月はじめに日銀の利上げとアメリカの悪い経済指標が重なって、一気に円安が修正されるとともに、日本の株価はブラックマンデー以来の暴落をしました。ですが、これまでバブル的に4万２０００円まで日経平均が上がったのですから、この程度の修正が起きるのは当然。今後は、アメリカの景気後退が明確になったら、まだ高い米国の株価にも修正が起きると思います。ただ、日本については、株価よりも実体経済のほうに不安を感じますね。

森永　実体経済はどうなりそうですか？

岸　日本の実体経済は決して良くありません。そもそも、デフレ30年の影響で経済の生産性は低迷したままなので、潜在成長率も年率1％ない。その一方で需要面を見ると、円安でコストプッシュ型の悪いインフレが続くなかで、働く人の実質賃金は増えていないので消費も弱いままです。そうしたなかで8月に日銀が円安是正を目的に利上げをしましたが、これは明らかに早すぎる間違った決定です。日銀は過去ずっと間違ったタイミングで性急に利上げをしてデフレ脱却を妨げてきましたが、今回の利上げで中小・零細企業の倒産が増えないか、さらには日本がスタグフレーション（景気停滞中の物価上昇）の状況に陥らないか、非常に心配です。

詐欺広告で「ダントツ1位」に

森永　為替についてはどうですか？

岸　森永さんは円高に振れるという予測ですが、僕は長期的に見た場合、今後も円安に進む可能性が高いと思っています。やっぱり、衰退する国の通貨は、弱くなる方向に進む。いまの日本はそれに当てはまります。ついでに言えば、新NISA、これ最近始めた人は損している人が多いと思います。政府の責任が問われることにもなるんじゃないでしょうか。

森永　国民に投資を推奨し、煽ったわけですからね。

岸　森永さんのフェイク映像を使った投資詐欺事件もありましたよね。

森永　そうそうそう（笑）。SNS型投資詐欺に名前を使われた著名人ランキングには岸さんも名前が挙がっていますが、私は2位のホリエモンにダブルスコアの差をつけてぶっちぎりの1位です。私や、息子の名前を使った詐欺だけで被害総額は10億円を超えているんです。もちろん私は一切関与していませんが、毎日被害者からメールが来て、こちらも迷惑をこうむっているんですよ。

岸　ほのぼのとして実直なイメージが悪用されているんでしょうね。「残された時間は短いから、投資の本当のことを教える」なんてフェイク映像は相当、悪質だと思いますよ。僕も、森永さんほどではないですが「ニセ岸博幸」の被害にあっています。あまりに腹が立つので、先日、テレビ番組の取材を受けた際に「ニセ岸博幸」に直接電話してやりましたが、出なかったですね。

森永　とにかく、騙されないでいただきたいです。

岸　政府の対応が遅いんですよ。2023年から被害が増えているのに、2024年の夏にようやく有識者会議の提言がまとまったのですから、それから法律ができるまでに最低でもあと1年はかかる。こういう詐欺に騙されてしまうというのは、スマホ依存による日本人の判断力低下、リテラシーの問題もあると思いますが、別の言い方をすればそれだけ将来が心配な方々が増えている、つまり社会不安の裏返しでもあるんですよね。そうした不安が広がっているという現実について、政府はもっと危機感を持つべきだと思います。

創造性のない「AIバブル」

森永　詐欺広告のフェイスブックやインスタグラムへの掲載を続けているメタ社の

責任も大きいと思います。ＩＴの専門家によると詐欺広告をクリックするだけで、数百円の手数料がメタ社に入っているという見立てもあります。

岸 儲かっているし、さらに儲けたいからですよね。

森永 先ほどバブルの話が出ましたが、いまの時代を象徴するＡＩ、これそのものがバブルだと思うんです。たとえば、チャットＧＰＴとかを使ってみても、クリエイティビティのかけらもないわけですよ。

岸 それも当然ですよね。インターネット上のデータをつなぎ合わせているだけなので、新しい何かが出てくるわけではないですから。

森永 先日、ＡＩに「森永卓郎のテーマソング」をリクエストしたんですよ。そうしたら、田舎の中学校の校歌みたいなクソつまらない曲ができあがってですね、しかも、何度やってもそうなるんですよ。

岸 校歌になるんだ（笑）。

森永 結局、ＡＩが活躍できるとすれば、１つはポケモンとかドラえもんのような既存のキャラクターを盗用するビジネス。もう１つは、先ほどのフェイク動画です。

森永卓郎の詐欺動画を作って、儲けたい人を騙す。この2つしかないんじゃないかと(笑)。

岸　僕も、将来的な可能性はすごく大きいものの、現状のAIはまだまだだと思っています。「AIはこれからさらに進化し、神をも超える」と言う人もいます。ただ僕は個人的に、そういう時代がすぐに到来するとは思えないですね。

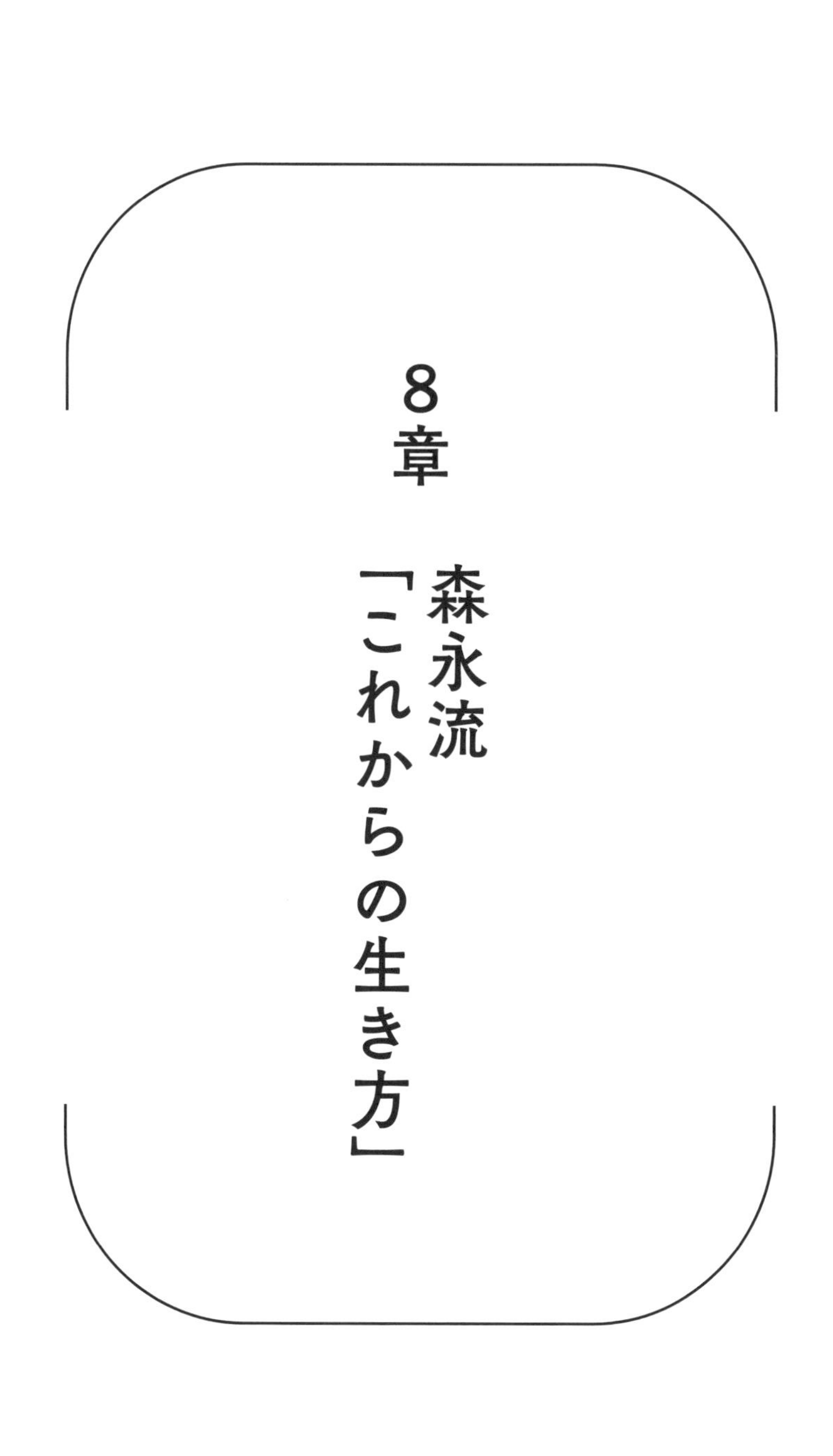

8章

森永流「これからの生き方」

「トカイナカ」で生きる

森永　私は新型コロナの流行で仕事が激減してから、「1人社会実験」というのを始めたんです。

岸　それはどういったものですか？

森永　1つは畑です。家のすぐ近くに2アールの畑を借りて、自給自足の生活を目指しました。実際にやってみたところ、畑は1アールあれば基本的な野菜や果物は自給できることが分かりました。もう1つは電力。自分で太陽光発電をやってみたらどうなるかという実験で、コストは1キロワット当たり5円ほどでした。

岸　おお、それは安いですね。

森永　そうです。自分で食料と電気を作れば、そんなにお金はいらないです。家族3人で月に10万円もあれば、生活は回ります。だから、資本主義の奴隷になるのはもうやめて、「田舎か、あるいは郊外に引っ越そうぜ」と。これを「トカイナカ」

埼玉の自宅近くで畑仕事に精を出す筆者（森永卓郎）

と命名しましたが、そういう生き方を提案しています。

岸　僕は資本主義そのものを捨てることはできないけれど、3章の冒頭で申し上げたように、個人の幸福を追求する生き方、企業の奴隷にはならない生き方がいいなと思っています。日本の強みって何だろうということを突き詰めて考えると、現場の力なんですよ。

森永　それは言えますね。

岸　欧米は強いエリート層がしっかり国を回している。日本は政治家、官僚、大企業の経営陣も含め、エリートは強そうに見えて実は弱いんです。

森永　弱くなったのかな。

岸　いえ、最初から弱かったんだと思います。一方で、日本は現場の力が非常に強かった。第二次世界大戦中に米軍が日本軍を分析したレポートにも「指揮官はダメだが、兵士は士気が高く手ごわい」という意味のことが書かれています。

森永　現場の力はまだ健在ですか？

岸　健在だと思います。そして何より、本当にクリエイティブですよね。中国が発祥であるラーメンの日本での進化を見ると分かりますが、この「失われた30年」においても個々のお店の創意工夫によって進化を遂げて、日本独自の文化に成長していますよね。これこそ「個人の力」だと思います。ここで言いたいのは、それだけ強い現場の力、個人の力があるのだから、企業に頼ることがなくても日本人は十分、幸せに生きていけるということなんですね。

森永　企業から個人へ。そこが進まないと、本当の意味で日本人が豊かな生活を取り戻すことはできないですね。

脱・グローバル資本主義の構想

森永　最後に、私が考える今後の経済社会のビジョンと、そのなかでのあるべき生き方を聞いていただけますか。

岸　ぜひお願いします。自分の命と向き合って仕事をしている森永さんがいま、何を語るのか。お聞かせください。

森永　極論に聞こえるかもしれませんが、私はいまの日本社会の行き詰まりを打破するには、グローバル資本主義を捨てるしかないと考えています。

岸　森永さんの行きついた1つの思想ですね。

森永　マルクスは、資本主義がいずれ行き詰まる要因として、①地球環境が破壊される、②許容できないほどの格差が広がる、③少子化が止まらなくなる、④ブルシットジョブ（クソどうでもいい仕事）が蔓延（まんえん）するという4点を挙げました。いまの日本社会では、すでに4点とも、限界値を超えるほど深刻な問題になっています。ただ、私は日本社会の問題点として、「東京一極集中」を加えるべきだと考えています。いまの日本の地域間格差は、異常な状況になっています。昨年（2023年）の東京23区の新築マンションの販売価格の平均は、1億円を超えました。サラリーマンの生涯年収が2億5000万円と言われるなか、普通のサラリーマンにそんなマンションが買えるはずがありません。それでも、夫婦とも高収入の「パワーカップル」を中心に、値上がり益を狙った購入によって、出せば売れるという状況が続いています。もちろん、そんなことが長く続くはずがありません。

岸　東京では、一部の超高額マンションが平均価格を押し上げていますね。

森永　その一方で、地方の不動産は悲惨な状態になっています。地域にもよりますが、家と畑と山までついて数百万円、という物件がゴロゴロしています。東京から少しでも離れると、そして駅から少しでも離れると、不動産が値つかずになってしまうのです。私が住んでいるトカイナカの家も、地価は購入した30年前よりやや値下がりしているという状態です。少なくともトカイナカに移住すれば、生活費は激減するのに、東京にこだわり、高い生活コストや莫大（ばくだい）な住宅ローンを支払うために、夫婦2人そろってストレスの大きな仕事を死ぬまで続けなければならないのが現実です。それでも正社員は、まだましかもしれません。時給1000円程度の収入では、まともな部屋を借りることさえできません。

労働者を洗脳する企業

岸　東京に住まなければ回避できますか？

森永　トカイナカだったら戸建て住宅全体を借りられるくらいの家賃で、都内アパートのスペースは六畳一間だったりします。それでも、そうした狭小住宅のニーズが絶えないのは、昼間は生活費を稼ぐために、コンピュータに命じられるままのマニュアル労働、つまりブルシットジョブでフル操業しているため、家には寝に帰るだけだからです。

しかも、最近、学生のアルバイトの話を聞いていて、そうしたブルシットジョブをさせている企業を許せないと思うのは、労働者を「洗脳」していることです。短時間での原材料廃棄や使い捨てパッケージでさんざん環境破壊をしながら、「私たちは環境を守る先進企業です」とうそぶき、きまぐれに恵まれない子供たちに寄付を行うことで、社会貢献をアピールする。そのなかで、アルバイトを「労働者」とは呼ばずに、「キャスト」や「クルー」などと呼んで、素晴らしい企業の一員、仲間であることを強調する。そうした仕組みの下で、まともな給料をもらえるのは正社員だけで、アルバイトの時給は最低賃金です。

岸　該当しそうな企業がいろいろありますね。

森永　しかも、従順なアルバイトは本部に呼んで、徹底的な「教育」を施して、スーパーバイザーとかマネージャーに昇格させます。アルバイトにアルバイトを管理させる仕掛けです。そうして管理職になったとしても、スーパーバイザーやマネージャーは、時給が数十円上がるだけなのです。そこには、創意工夫を伴う本来の仕事の喜びは、一切存在しません。疲れるだけのマニュアル労働を死ぬまで続けていく。何のための人生なのでしょうか。

岸　個人の幸せはますます遠のきますね。

農業をらない知事の失言

森永　静岡県の川勝平太知事（当時）が今年4月1日、県庁職員への訓示のなかで次のように述べました。「県庁というのは別の言葉でいうと、シンクタンクです。毎日毎日、野菜を売ったり、あるいは牛の世話をしたり、あるいは物を作ったりということと違って、基本的に、皆様方は頭脳、知性の高い方たちです」。この発言に対して、「職業差別だ」「職業に貴賤はない」といった県民からの非難が殺到し、川勝知事は発言を撤回するとともに、辞意表明を余儀なくされました。確かに、県民の主張はそのとおりなのですが、私の受け止めは少しだけ違っていました。「この人は農業をやったことがないんだな」というのが私の受け止めだったんです。

岸　リニアに反対していた知事ですが、あの一件で辞任し、流れが変わりましたよね。学者出身ですから、もちろん本格的な農業の経験、知識はなかったと思いますよ。発言は本心でしょう（笑）。

森永　実際に従事していれば、農業がいかに知的な仕事かということが、自ずと分かるからです。農業は大自然が相手ですから、思うようにはなりません。雨が襲い、風が襲い、病気が襲ってきます。虫や鳥や動物も襲ってくる。それらと闘うために、柔軟に作戦を変更し、作物を守っていく。私は最初にスイカの栽培を始めた年、収穫直前のスイカが軒並みカラスにやられました。

岸　食べ頃になるとやられるわけですか。

森永　そうなんです。カラスはスイカが熟れる時期を正確に判断していました。私は、カラス対策として、スイカ1つずつにU字形の園芸支柱をクロス掛けにして、そこに網を張り、クリップでとめました。それ以降、被害は止まったのですが、翌年、またカラスにやられました。網の下から頭部を突っ込んできて、中に入られてしまったのです。このように進化するカラスとの知恵比べは、毎年続いています。そうしたさまざまな努力を重ねても、私は技術力が高くないので、予定どおり収穫に結びつけることができる確率は、5割程度でしかありません。しかしだからこそ、無事収穫に至ったときの喜びは、何にも代えがたいほど大きいのです。

岸　経験者は説得力が違いますね。

森永　しかも農業を自分でやっていると、都会でいかに危険な食べ物を食べているのかがすぐに分かります。有機、無農薬で作った野菜は、スーパーで売っている野菜と違って、大地の味がするからです。輸入品の野菜や肉類には、たっぷりと農薬や抗生物質が含まれています。そんなものを食べ続けていたら、健康を守れませんし、長生きもできません。日本人の平均寿命は、2022年まで2年連続で短くなっています。少子化も国が滅亡するほどのペースで進んでいます。大都市の高コストのなかでは子育てができないどころか、非正社員の場合は、結婚することさえできないからです。大都市生活への警告は、すでに発せられているのです。

まずは首都機能移転から始めよ

岸　どうしたらいいのでしょうか。

森永　私が提案しているのは、「自産自消」「地産地消」「国産国消」です。自分で作れるものは、自分で作る。それでは足りない部分は、地域の仲間から調達する。そして、それでも足りないものを国内から調達する。世界から買うのは、どうあがいても国内では自給できない、最後の最後の部分だけにするのです。ちょうど、グローバル資本主義の真逆の考え方です。

岸　その考えは、広くあらゆる分野にあてはまりますね。

森永　そうですね。産業政策に関して言えば、半導体産業に莫大な血税をつぎ込むのをやめて、国民全員が農業に従事できるように、一人農家も含めて農業への所得保障をしっかりやる。ＡＩや宇宙開発や半導体などのグローバル競争からは手を引き、まじめで、実際に国民生活の役に立つモノづくりに特化する。そして、国民全体を根底から揺るがすリスクの大きな原子力発電からも完全撤退して、自分が使う電気は自宅の屋根で発電するようにして、電力会社は、電力の自給自足の補完に徹するように変えるのです。

岸　なるほど。

森永　そうした経済社会構造の抜本転換のために、まず取り組むべきことは、首都機能移転だと私は考えています。それは妄想ではありません。これは本来、政府の正式な方針なのです。

バブルの絶頂期、1990年11月7日に、衆参両院において首都機能移転の決議がなされました。「わが国の現状は、政治、経済、文化等の中枢機能が首都東京へ集中した結果、人口の過密、地価の異常な高騰、良好な生活環境の欠如、災害時における都市機能の麻痺等を生ぜしめるとともに、地域経済の停滞や過疎地域を拡大させるなど、さまざまな問題を発生させている」と決議は述べています。そして、国会決議は、法律という形で実を結びました。1992年12月24日に「国会等の移転に関する法律」が公布・施行されたのです。その第一条には、次のように書かれています。

「国は、国会並びにその活動に関連する行政に関する機能及び司法に関する機能のうち中枢的なもの（以下「国会等」という。）の東京圏以外の地域への移転（以下「国会等の移転」という。）の具体化に向けて積極的な検討を行う責務を有する」

つまり、政府は三権の中枢を東京以外に移転させる責務を負っているのです。この法律に基づいて、国会等移転審議会が設置され、1999年12月20日に審議会は答申をまとめました。

この答申のなかで、審議会は、移転先候補地に関する総合評価を行い、その結果、移転先候補地として、北東地域の「栃木・福島地域」と東海地域の「岐阜・愛知地域」の2カ所に絞り込んだのです。これを受けて国会は、2000年5月18日に再び決議を行い、それから2年を目途に候補地を一本化することを求めました。ところが、これを最後に国会は動きを止めてしまっています。国会が一極集中を問題にした1990年の東京都の人口は1188万人でしたが、2020年には1400万人と、17・8%も増えてしまったのです。

岸　首都移転とは正反対の流れになってしまったわけですね。

悔いなき人生を

森永　私は、日本の経済社会がおかしくなったことの1つの重要な要因は、中央官庁の官僚が霞が関の快適なオフィスのなかで、頭の中だけで考えた政策を実施するようになったことだと考えています。現場や地域のことを知らない官僚があまりに多くなってしまったのです。ですから、首都機能移転の第一歩として、エネルギー政策を担う経済産業省は、いますぐ福島県に全面移転すべきだと考えています。福島で原発事故の実態と復興の困難さを目の当たりにすれば「原発の新増設」なんて政策が出てくるはずがないのです。原発ゼロの急先鋒になった小泉純一郎元総理に仕え、その後、経済産業省を飛び出した岸さんが、経済産業省福島移転の音頭を取ってくれたら、こんなにうれしいことはありません。

岸　熱く、重いメッセージをいただきました。ありがとうございます。私が残りの人生で取り組もうと思っている課題は、あとがきで簡潔にまとめたいと思います。

森永　お互いに悔いのない人生、送りましょう。

岸　はい、必ず。

あとがき

森永さんと僕とでは、経済の捉え方や経済政策の考え方など、経済に関しては何から何までスタンスが水と油ほど違うのだけれど、不思議と森永さん本人、そして森永さんが主張する政策の方向性に対しては以前から勝手に親近感を抱いていた。その理由はなぜかと考えていたが、今回の対談を通じて、2人ともかなりの貧乏を経験したという共通体験があったからだったのか、と初めて理解できた。

森永さんは自分がやりたい仕事に邁進する過程で極度の貧乏を経験し、おそらく奥様に多大なご苦労をかけたのだろう。僕の場合、僕が中学生のときに親が離婚し、養育費ももらえない中で母が女手ひとつで姉と私を養うという、奨学金なしには高校も大学も行けないくらいの貧乏生活を経験した。そうした共通の原体験があるからこそ、スタンスはまったく違っても、経済で目指す方向（国や企業よりも国民生活を豊かにする）が近いのだろう。だからこそ、僕は森永さんのことが大好きだし尊敬できるのだろう。

その森永さんと僕が、よりによって同じがんという病気を患っているというのも奇遇というしかない。もちろん、僕はまだ余命があと9年もあるのに比べると、森永さんは残り4カ月という余命宣告を受け、人生の残り時間という点ではより切迫しているはずだ。それにもかかわらず、僕との対談に貴重な時間を割き、生き方や考え方を本音で語り続けてくれた森永さんの姿に、僕は「国士」を見た気がする。

森永さんは「本当のことを言って死ぬ」と語り、実際にそれを実践されているが、これは簡単なようですごく難しいことだ。残された時間とお金を、たとえば旅行や食事、趣味など自分の個人的な幸福追求のために使うという選択肢も考えられる中で、何よりも優先して他者のために自分の言葉を残そうと病身に鞭打って仕事を続けておられることは、言論人として生きてきた森永さんの真骨頂であろう。

お金を稼がなければいけない特段の事情もなく、またこれ以上有名になる必要もない森永さんを、人生の残り時間がもうないにもかかわらずここまで突き動かしているものは何か。それは日本という国のあるべき姿を示し、長い停滞の時代が続く経済、社会を少しでも良くしていきたい、自分の信じる真実を語ることでそれに貢献したい、という純粋な気持ちの表れではないだろうか。

森永さんは僕より5歳年上だが、1980年代の若き日に霞が関で猛烈に働いていたという共通項もあり、常にアクセル全開で突き進むその生き様は心から尊敬しているし、それこそがいまの日本に足りない部分ではないかと僕は思っている。

実際、多くの人はそれほど意識していないかもしれないが、30年間に及んだデフレの影響で、グローバルな視点で見ると現在の日本はすごく貧乏で弱い国になってしまった。1人当たりGDPはかつて世界第2位だったのが、いまや世界第38位にまで落ち、また労働生産性もOECD加盟38カ国中31位にまで落ちた。日本のグローバル経済における地位は、かつての「経済大国」から先進国の最底辺にまで落ち込んだと言っても過言ではない。

この状況から這い上がり、地に落ちた日本の経済力を再興するには、企業も人も「とことん頑張る」ことが絶対に必要だ。企業であれば、デフレ時代との比較で「程々の」賃上げや設備投資に満足している場合ではない。企業全体で330兆円もの現預金があるのだから、もっと思い切った賃上げや投資をすべきだ。

そして、個人については、働き方改革や残業規制などの「働き過ぎないほうが良い」という誤った政策と風潮に迎合せず、むしろ仕事やリスキリング（再訓練）などをとことん頑張るべきだ。ある意味、森永さんは昔もいまも、ご自身の方法でそれを実践してきたのではないかと思う。だから、その言葉には魂が宿っているのである。森永ファンのみならず、森永さんと主義主張が異なる人も、森永さんのこの部分だけはぜひとも見習ってとことん頑張ってほしい。

もちろん僕も、森永さんに負けないくらいに残りの人生はとことん頑張るつもりだ。寿命を突きつけられるという死のリアルなイメージは、人間を劇的に変貌させる力がある。森永さんも僕も、病気を経験したことで生き方、考え方の整理を迫られ、残された時間の価値を再確認することになった。

その意味で、僕が現時点で最優先に取り組もうと思っていることは3つある。1つは、個人を豊かに、そしてハッピーにすること。2つ目は自民党を立て直すこと。そして3つ目は、これからの日本を担う若者を応援していくことだ。

大企業だけが儲かり、個人が幸せになれない構造については、本書で森永さんと議論させていただいたが、これはなんとしてでも変えたい。社会の価値観や政府の経済政策はもちろん、大企業のサラリーマン経営者の意識も変えないといけない。これに少しでも貢献していきたい。

また、日本経済を復活させるためには経済政策の方向性や中身を大きく修正する必要があるが、これまでずっと政策にかかわってきた経験から、野党にそれを期待するのは無理であり、現実問題として自民党に政策立案の面でもっと進化してもらうしかない。もちろん、政治資金問題で失った国民の信頼を取り戻すのは容易ではないが、それでも自民党の再生なくして日本経済の再生はないのが現実である。

そして、僕も60歳を過ぎ、世間で「おじいちゃん」と呼ばれておかしくない年齢になって改めて思うのは、日本では表面上は若者の活躍を求める声が多いが、いざ現実に若者が新しいことを始めると、支配層である年寄りが自分たちの価値観でそれを否定することだ。たとえば、2024年の東京都知事選で160万票余りを獲得した石丸伸二氏は、ネット上のインフルエンサーの成功モデルを選挙運動に適用するという、政治の世界におけるイノベーションを創り出したが、政治家や政治評論家といった支配層は、それを評価することなく、政策の中身がないといった旧来型の価値観に基づく批判ばかりをしていた。本当に情けないし、心底呆れてしまう。人口減少、経済力の低下と国力が衰退の一途を辿る日本で、過去の栄光にすがり続けるような余裕などないはずなのに。

本当に日本を再生させる力を持っているのは、森永さんや僕のような高齢者より若い世代である。その可能性を否定しては絶対にダメだし、その才能やアイディア、やる気を認めてあげなければならない。僕自身、ここまで多くの人と出会い、仕事に恵まれたのは、未熟だった若い自分を多くの先輩方が後押ししてくれたからに他ならない。今度は自分が世の中に恩返しする番だと思っている。

最後に、人生の残り時間がもう少ない中で貴重な時間を対談に割いてくださった「国士」の森永卓郎さん、編集を担当していただいた宝島社の宮下雅子さんに感謝を申し上げます。

2024年8月　岸 博幸

補記　日航123便はなぜ墜落したのか（森永卓郎）

※ウェブサイト「マガジン9」2017年8月30日付の記事を一部改訂して再掲。

ニュース番組にかかわるようになって20年以上、私の心のなかには、もやもやした疑問がずっとつきまとってきた。それは日本航空123便の墜落原因だ。1985年8月12日18時12分に、大阪に向けて羽田空港を飛び立った日航123便は、同日18時56分に御巣鷹の尾根に墜落した。乗客乗員524人中、520人が死亡するという、単独機では、世界最大の航空機事故となった。

事故の原因は、その後の運輸省（現・国土交通省）の調査で、機体後部の圧力隔壁が破損し、そのときの圧力で尾翼の一部が吹き飛んで、油圧装置も破壊され、そのことで機体のコントロールが不可能になったことだとされた。機体は、過去に伊丹空港で尻もち事故を起こしており、そのときに破損した圧力隔壁をボーイング社が修理した際、十分な強度を持たない方法で行ったため、それが破損につながったとされたのだ。いまでも、この公式見解は一切変更されていない。

しかし、この事故原因に関しては、当初からさまざまな疑念が呈されてきた。たとえば、圧力隔壁が破損すれば、急減圧で機内に濃い霧が発生する。それは、過去の機体破損の事故で共通して起きている。しかし、１２３便では、薄い霧は発生しているものの、機内が見通せなくなるほどの霧は、発生していないのだ。そしてこの事故で最大の疑問は、墜落現場の特定が大幅に遅れたことだ。墜落時間は、8月12日の18時56分だが、地元の消防団員が生存者の落合由美さんを発見したのは、翌日午前10時54分だった。自衛隊が現場を特定したのも、公式には翌朝になってからということになっている。すぐに救出に向かえば、多くの人命が救えたにもかかわらず、現場の特定が大幅に遅れたのだ。

しかし、内陸部に墜落したのだから、機体は直前まで、確実にレーダーで捉えられていたはずだし、近隣住民も火の手が上がるのを目撃している。当時、地元の自治体からは県や国に通報もなされているのだが、なぜか墜落現場は、現場とは無関係の長野県とされるなど、翌朝まで報道が二転三転し、特定されなかったのだ。もっと不思議なことは、米軍が墜落直後に横田基地から輸送機を現場に飛ばし、上空から山が炎上するのを確認し、自衛隊に通報するとともに、米軍輸送機の誘導で厚木基地を飛び立った米軍の救難ヘリが現場に到着しているのだ。だが、救難ヘリは、救助開始寸前に作戦中止を命じられ、何もせずに引き返している。つまり米軍は最初から墜落現場を完全に特定していたにもかかわらず、なぜか日本政府には伝わっていないことになっているのだ。

なぜこんな話を書いているのかというと、今年（2017年）7月に青山透子氏が『日本航空123便墜落の新事実』（河出書房新社）という本を出版したからだ。青山氏は当時日本航空で働いていた客室乗務員で、事故機には彼女が一緒に仕事をしていた同僚たちが乗り込んでいたこともあって、事故の真相を探ろうと、あらゆる文献を収集整理し、目撃者証言を集めて、いわば人生をかけた調査に取り組んできた。そして、書籍のなかで、重大な事実を指摘したのだ。

あらかじめ断っておくと、123便の墜落事故に関しては、これまでもあらゆる陰謀説が唱えられてきた。しかし、青山氏の今回の指摘は、そうした根拠不明の陰謀説とは一線を画すものだ。青山氏は、東京大学の大学院を出て、博士の学位も取っている。東大を出ているから正しいというのではない。博士論文は厳密な審査が行われる。そのため論文には明確な根拠が求められる。憶測で書くことは許されないのだ。その論文作成の姿勢は、この本でも貫徹されている。証拠となる文献、そして実名での証言を集めて、青山氏は厳密な論証を行っているのだ。

この本のなかでまず注目すべきことは、墜落直前の123便を2機の自衛隊のファントム機が追尾していたという複数の目撃証言だ。この証言のなかには、当時の小学生が事故の状況を綴(つづ)った文集のなかでの証言も含まれている。子供たちがうそをつくはずがない。しかし、この証言を前提にすれば、日本政府は、当初から墜落現場を完全に把握していたことになる。

それでは、公式に機体を発見したとされる翌朝まで、自衛隊は一体何をしていたのだろうか。本書に掲載された証言によると、現場にはガソリンとタールをまぜたような強い異臭がしていたそうだ。また、現場の遺体は、通常の事故では、あり得ないほど完全に炭化していたという。自衛隊を含む軍隊が使う火炎発射機は、ガソリンとタールを混合したゲル状燃料を使用している。つまり、墜落から翌朝までの間に、何者かが証拠隠滅のために強力な燃料で焼き尽くしたのではないかということだ。

消すべき証拠とは何か。青山氏の著書によると、123便から窓の外を撮った写真を解析すると、オレンジ色の物体が飛行機に向かって飛んできているという。それは地上からも目撃されている。

青山氏は、次のような可能性を提示している。自衛隊の訓練用ミサイルなどの飛行体は、オレンジ色で塗られていた。何らかの理由で、その飛行体が123便の尾翼を破壊したため、123便は制御不能に陥ったのだ。

もしこの推測が正しいとすると、日本政府としては、とても受け入れられる事故原因ではなかっただろう。というのも、事故当時、私は経済企画庁総合計画局で働いていたのだが、国会では、防衛費がGNP比1％以内に収まるのかどうかが、連日、議論の的となっていたからだ。総合計画局の産業班は、「防衛班」と呼ばれるほど、1％問題の国会答弁作成に追われていた。当時は、野党が防衛費の膨張を強く非難し、国民の自衛隊に対する感情も、いまほど理解あるものではなかったのだ。そうした環境のなかで、自衛隊の不祥事は許されない状況だった。

しかし事件から30年以上経過したのだから、政府は国民に真相を明かすべきだ。それは、森友学園や加計学園よりも、はるかに重要な問題だと私は思う。なぜなら、この事件の後、日本は以前にもまして対米全面服従になったからだ。事故の翌月には、ニューヨークのプラザホテルで「プラザ合意」が結ばれ、協調介入によって極端な円高がもたらされ、日本は円高不況に突入した。日本の安定成長が失われた大きなきっかけとなったのだ。それだけではない。1993年には宮澤総理とクリントン大統領の間で年次改革要望書の枠組みが決められ、それ以降、日本の経済政策はすべてアメリカの思惑どおりに行われるようになった。事故の原因を作ったとされるボーイング社は、もしこれが事件だとすると、罪をかぶったかたちになったのだが、その後、着々と日本でのシェアを高め、いまや中型機以上では、ほぼ独占状態といってもよい状況を作り上げている。

123便の事故に関しては、これまで、何度も事故原因の再調査が政府に申し入れられたが、日本政府や日本航空はまったく動く気配がない。しかし、2年前（2015年）、私の心に希望の光が差し込んできた。あるニュースが飛び込んできたからだ。そのときに保存していたニュース原稿を再掲する。

●123便の残骸か…相模湾海底で発見　日航機墜落30年

テレビ朝日系（ANN）　2015年8月12日（水）

乗客乗員520人が犠牲となった日本航空機の墜落事故から12日で30年です。墜落した123便は羽田空港を離陸した後、相模湾の上空で圧力隔壁が壊れました。垂直尾翼など吹き飛んだ機体の多くは海に沈み、今も見つかっていません。ANNは情報公開請求で得た資料などから、残骸が沈んでいるとされる相模湾の海底を調査し、123便の部品の可能性がある物体を発見しました。
先月29日、静岡県東伊豆町の沖合約2・5㎞、123便の推定飛行ルートの真下にあたる水深160mの海底で撮影された映像です。右側のパネル状の部分は四角形に見え、側面にある黒い部分には数字などが書かれています。カメラとの距離などから調査にあたった専門家は、1・5mから2mほどの大きさではないかとしています。当時、事故調査委員会のメンバーとして墜落の原因を調べた斉藤孝一さんは「この映像だけでは分からない」としたうえで、123便の残骸である可能性を指摘しました。
「仮に航空機の部品だとすると、『APU』のまわりに取り付いている『コントロールボックス』といわれてるようなもの」（当時の事故調査官・斉藤孝一さん）
APUは機体後部にある補助エンジンで、客室に空気を送ったり電気をつけたりする役割があります。斉藤さんは圧力隔壁の破壊という事故原因は変わらないとしたうえで、残骸が見つかれば事故の状況がより詳細に分かる可能性があるとしています。123便を巡っては、相模湾上空でのトラブルの際に機体から落ちた垂直尾翼の大半やAPUを含む機体後部の部品が見つからないまま、事故から1年10カ月後に調査が終了しています。国の運輸安全委員会はこの映像を見たうえで、「当委員会としてのコメントは差し控えさせて頂きます」としています。

相模湾の最深部に沈んでいると言われてきた垂直尾翼も、この近辺の浅い海に沈んでいる可能性が高いのだ。尾翼が見つかれば、事故原因がはっきりする。もしも、訓練用のミサイルが尾翼を直撃したのであれば、尾翼の残骸にオレンジ色の塗料が付着していると考えられるからだ。ところが、日本政府や日本航空は残骸の引き上げに動こうとしない。それどころか、これだけ重大なニュースであるにもかかわらず、テレビ朝日も、その他のメディアも一切続報を出さないのだ。

日米関係がいったい何に立脚しているのか。本当のことを追及していかなければならない。それが、私を含めたメディアで働く人間の義務だろう。

森永卓郎（もりなが たくろう）
経済アナリスト。獨協大学経済学部教授。1957年、東京都生まれ。東京大学経済学部卒業。日本専売公社、経済企画庁、UFJ総合研究所などを経て現職。執筆をはじめ、テレビやラジオ、講演など多方面で活躍。2023年末に原発不明がんを公表し、現在、闘病生活を送る。著書に『森永卓郎の「マイクロ農業」のすすめ』（農文協）、『ザイム真理教』『書いてはいけない』『がん闘病日記』（いずれも三五館シンシャ）、『マンガ 日本を破滅に導くザイム真理教の大罪』『マンガ 誰も書かない「真実」日航123便はなぜ墜落したのか』（ともに宝島社）など多数。

岸 博幸（きし ひろゆき）
経済評論家。慶應義塾大学大学院メディアデザイン研究科教授。1962年、東京都生まれ。一橋大学経済学部卒業後、通商産業省（現・経済産業省）入省。同省在籍時にコロンビア大学経営大学院に留学し、MBA取得。資源エネルギー庁長官官房国際資源課等を経て、2001年、小泉純一郎内閣の経済財政政策担当大臣だった竹中平蔵氏の大臣補佐官を務める。経産省退官後、テレビや講演など多方面で活躍。2023年1月に多発性骨髄腫の告知を受ける。著書に『余命10年 多発性骨髄腫になって、やめたこと・始めたこと。』（幻冬舎）などがある。

遺言　絶望の日本を生き抜くために

2024年9月27日　第1刷発行
2024年10月1日　第2刷発行

著　　者　森永卓郎、岸 博幸
発 行 人　関川 誠
発 行 所　株式会社 宝島社
〒102-8388 東京都千代田区一番町25番地
電話：［営業］03-3234-4621
［編集］03-3239-0646
https://tkj.jp
印刷・製本　中央精版印刷株式会社

Printed in Japan
ISBN978-4-299-05864-5